MUM, WHERE TO GO

妈妈去哪儿

海外亲子游实用手记

陈丁鸿◎著

中国妇女出版社

图书在版编目（CIP）数据

妈妈去哪儿：海外亲子游实用手记 / 陈丁鸿著. --北京：中国妇女出版社，2015.8

ISBN 978-7-5127-1132-7

Ⅰ.①妈… Ⅱ.①陈… Ⅲ.①家庭教育 Ⅳ.①G78

中国版本图书馆CIP数据核字（2015）第156100号

妈妈去哪儿：海外亲子游实用手记

作　　者：陈丁鸿　著
责任编辑：姜喆　王琳
插图绘制：豆豆
责任印制：王卫东
出版发行：中国妇女出版社
地　　址：北京东城区史家胡同甲24号　　邮政编码：100010
电　　话：（010）65133160（发行部）　65133161（邮购）
网　　址：www.womenbooks.com.cn
经　　销：各地新华书店
印　　刷：北京欣睿虹彩印刷有限公司
开　　本：150×215　1/16
印　　张：19
字　　数：220千字
版　　次：2015年8月第1版
印　　次：2015年8月第1次
书　　号：ISBN 978-7-5127-1132-7
定　　价：39.80元

前言

为什么要带孩子去旅行

关于带着孩子去旅行的文章和书已经有很多。我写这本书，是希望和更多的爸爸妈妈分享我自己带着孩子去旅行的一些故事，还有经验和启发。

我是个特别爱看世界的妈妈，我不愿意在同一个环境里待太久，害怕那样会让自己变得木讷、狭隘。所以，我时不时地让自己走出去，看看外边的风景，以重获面对世界的敏锐度，再次燃起人生的激情，找寻自己内心的初衷，思考自己生命的意义和价值。

起初，我带着孩子旅行的原因很简单：我自己酷爱旅游，有了孩子之后，如果把孩子丢在家里，自己独自出门行走天下多少会有点内疚，所以就想着把孩子带上，和我一起行走天下，也好做个伴。而且我很相信一句话：行万里路，读万卷书。旅行很锻炼人（无论孩子还是成人），是开阔眼界的极好方法。作为成人的我，已经从曾经经历的旅途中遇到太多有趣的人和事，得到太多有意义的收获，这些经历让我受用终生。我相信，孩子也同样会在旅途中受益匪浅。

和孩子一起旅行，其中的乐趣实在是无穷无尽。不仅有旅行的快乐，还有一同学习，看孩子每天长进的满足。每次和孩子们一起旅行，我都会被他们在旅途中表现出来的各种学习能力、适应能力以及应变能力所震惊。随着孩子们一天天长大，我带他们出行的次数越来越多，他们对新事物探索的热情，对每一处风景背后无尽知识和故事的好奇，是那么让我吃惊。正是这些探索和好奇，让孩子们更加乐意去适应新环境，仔细观察新事物，欣然接受各种文化的新元素。

当一次又一次被孩子旅途中的探索和好奇打动后，我开始不断尝试挑选适合他们前往的地点，精心安排基于人文、地理及环保等各种主题的活动，为他俩量身定做“游玩＋学习”的旅程。在和他俩同行的过程中，我不但积极陪伴，更希望带给他们一次次难忘的、融合了教育在内的旅行。我不想只是带着儿子们四海云游，我不希望和他们的旅行只是“到此一游”。我希望带着他们，引导他们，让每次旅途中所遇到的人和事，擦亮他们的双眼，激发他们内心的思考，让他们体会到不同于自己的各色人生。

我们在近乎魔幻、堪比仙境的新西兰，一起欣赏地球上最后一片净土的美丽风光；在美国最北部的最大外州阿拉斯加，开着房车畅游那片广袤无垠的土地，感受自然界的神奇；在欧洲文明的摇篮希腊，共同感受千年文化的美丽和优雅；在谜一般的埃及，面对保留了几千年的古建筑，一起佩服当年建筑者的智慧和艰辛；在“挂在彩虹一端”的加勒比海边的墨西哥坎昆，一起聆听神秘的玛雅人的传奇文化和故事；在神比人多的尼泊尔，面对那些奢华的宗教建筑艺术，感悟从古至今尼泊尔人对神的无限敬仰和崇拜……

其实，有意义的旅行不一定要在异国他乡，中国的大好河山有太多值得去探访的地方，只要稍微用心，就能把一次哪怕最简单的、家门口的户外亲子游，变成一次充满教育意义的极致旅程。在家附近，我们去草丛里捉虫，看小昆虫如何在大自然里活得自然生动；我们去河边钓鱼，培养钓鱼的技巧和耐心；我们也会在郊外田间感受耕种的不易，以及收获果实的满足……

我和他们在异国他乡，在田间地头，在森林花园，快乐地看，快乐地听，快乐地玩，快乐地共同成长。这样一起学习的亲子时光，拿什么我都不换。

在旅途中，无论是在世界的哪个角落——熟悉的地方，抑或陌生的国度，我和孩子们一起认识世界，思考未来。因为有他们的相伴，我的人生旅途更加充满活力，充满爱；因为有他们在我身边，旅途中的我更加包容，更具童心。旅途中的我们，身、心、灵时时刻刻都在被路上的人和事打动，在不知不觉中焕然一新。带上孩子去旅行，不但是我送给孩子，也是送给自己最好的礼物。

我希望今后有更多机会把自己的旅行经验分享给更多的爸爸妈妈，希望能鼓励更多的爸爸妈妈放下手中的工作，让孩子放下书本，走出教室，奔向大自然，行走在世界各个角落。大手拉小手，请和孩子一起在大千世界共赴一场心灵的约会。

目录
CONTENTS

第三章 >>>

海岛游

第四章 >>>

古迹游

第一章

出行准备

不同年龄孩子的旅行选择及注意事项 〉〉〉

2～3岁

2～3岁孩子的特点

- 有对外边世界特别的好奇感。
- 不善表达，时常会情绪激动，甚至失控。
- 对吃的有特别的要求。
- 爱笑会哭，逗人喜欢，却也会比较“作”。

2～3岁孩子最适合的旅行方式和地点

- 短途旅行。
- 不需要赶太多景点的休闲轻松的旅行。
- 在一个地方可以耗很久，比如动物园、海滩、游泳池、乡村野居。
- 不建议带着还只能喝奶的小宝贝去需要过夜的地方旅行，除非是旅游达人父母，能很好地把握带着小小孩四处游荡的生活，否则最好别太挑战自己和孩子。
- 最好不要去有时差的地方。这个年纪的孩子体力不够，所以别让他们玩得太累。他们通常都特别爱海边、沙滩、游泳池。旅行中多让孩子在这些地方待着，大人省心，孩子开心。

2～3岁孩子旅途中的注意事项

- 超过5个小时以上的路程通常对小宝贝来说是挺大的挑战。除非你家的宝贝特别乖，否则，让他们坐车或是飞机超过5个小时，他们会给你们颜色看哦，所以太远途的旅行最好避免。

- 2～3岁的宝贝在吃饱睡足的时候，精神头的确会很好，但他们的体力和耐力明显不够。所以，旅途中最好安排更多的休息时间，比如午睡及小憩，让孩子能不断地补充能量，养足力气。

- 2～3岁的孩子除了爱东张西望，更爱东摸西爬，还可能用嘴巴到处乱啃，所以爹妈一定要高度注意孩子的安全。

- 不要高估一个人带孩子的力量，带着这么小的宝贝旅行，途中人手一定要足够，最好还是爹妈齐上阵。

- 看住你的宝贝，他们虽然行动能力一般般，但会心无胆怯，好奇周遭的一切，所以，你一个不留神，他们就可能跑得（或者爬得）没有踪影了。

- 必备的药品别少带，尤其是对付发烧、感冒、拉肚子、摔伤、过敏的常备药一定要带着。

- 带着这么小的孩子出门，背上个大背包吧，能容纳足够多的东西。双肩背还能让你的双手空出来，干更多的事，比如抱孩子、推小车。

- 有一样东西，一定不要忘记，那就是小推车。你可别指望小家伙能一路陪你走到底，这么小的娃娃虽然能走会跑，但是喜欢自己走路超过15分钟，不吵着要抱的，还蛮少听说的。

- 如果宝贝还需要喝奶，一定准备好清洁的奶瓶并妥善保存，冲泡奶粉时一定要用清洁且最好是煮沸的水，必要时带上保温瓶。

- 给宝宝准备奶粉或其他辅助食品前，一定要注意手的清洁。
- 这个年龄的孩子肠胃比较敏感，所以不要让孩子轻易尝试新奇食物，以免过敏。

Tips:

安全第一，要时时注意孩子的安全，避免孩子走失、溺水或受到意外伤害；要注意孩子的健康，防止感冒、拉肚子或感染其他疾病。

4～6岁

4～6岁孩子的特点

- 喜欢交朋友，爱和小朋友们扎堆玩耍。
- 开始好学，爱问问题，喜欢探索新鲜事物，也会尝试冒险。
- 能听懂道理，并守规矩了。
- 行动能力增强了，走路能走得比较久，也不会吵着要抱了。

4～6岁孩子最适合的旅行方式和地点

- 可以是较长途的旅行，异国旅行可以开始啦！
- 更多地让孩子去户外，多接近大自然。这个年纪的孩子，对植物和动物有特别的好奇心。自然游是教他们学会观察、学会欣赏的好机会。

●主题公园游会很让孩子喜爱。能和米老鼠、唐老鸭之类的卡通人物近距离接触，会让孩子欢呼惊喜到不能自已。

●根据孩子的体力及兴趣爱好，带着他们在野外徒步，有助于他们在大自然里开阔心胸，强壮身体，并且更好地了解大自然。

●寓教于乐的场所很适合，比如海洋馆、植物园、动物园，边玩边听讲解，特别有助于孩子乐呵呵地长知识。

●休闲游、观光游、自驾游都很适合。

4～6岁孩子旅途中注意事项

●切记“安全第一”！因为这个年龄段的孩子比较调皮，胆大一些的会开始尝试各种冒险活动。所以，不光当父母的我们要当好他们的保护神，也需要告诉他们一些必要的安全知识，对他们进行安全意识的培训。

●旅行是“移动式教育”的好机会。带着这个年纪的孩子出门旅行，可以激发孩子的学习兴趣，并能更好地培养孩子的学习能力。

●这世界不缺少美，只缺少发现美的眼睛。在旅途中，带孩子领略大自然的奥妙，适时指导孩子学会发现各种美丽。

●大自然是个丰富有趣的课堂，当孩子在大自然里享受时，要让他们学会保护环境，保护地球。

●和孩子一起感知不同生命的同时，教会孩子尊重与我们一样生活在这个地球上的每一种生物。让他们学会热爱生命，爱护动植物，尊重动植物的生存空间，不打扰大自然原本的生态环境和秩序。

- 尝试培养孩子的独立能力。从旅行前的独立收拾行李开始，并在旅途中找各种机会培养他们的自理能力。
- 在旅途中锻炼孩子解决问题的能力，让他们从小事开始独立思考，善于求助，勇于开口。比如让他们去问路，买个小东西，等等。
- 试着鼓励孩子尝试对旅行进行记录，不一定用文字，可以是绘画，甚至也可以是收集旅途中各种有意义的宝贝，比如树叶、门票、徽章、明信片等，回来后制作成册，留下旅途美好的点点滴滴。
- 饮食以清洁卫生为原则。
- 切忌在途中零食不断，影响正常进餐。

7岁及更大

7岁及更大孩子的特点

- 精力更旺盛。
- 求知欲更强。
- 适应能力大大提高。
- 开始有较强的自尊心。
- 这个年纪的孩子通常更喜欢群体活动。
- 每个孩子的独特个性渐渐形成，开始有主见，坚持自己的喜好。

7岁及更大孩子最适合的旅行方式和地点

- 这个年龄段孩子的接受能力增强了许多，可以考虑带着他们去一些文化气息比较浓厚，对孩子的思想有启迪的地方看看。让他们增长见识，了解更多文化历史的古迹游、文化游就很合适了。

- 有一些冒险的野外活动。

- 运动量较大的爬山、徒步活动。

- 和小伙伴一起的旅行。

- 游学活动。除了在旅行中能获得更多知识，也是很好地培养他们的独立能力、团队合作能力以及交朋友能力的机会。

- 自驾游。

7岁及更大孩子旅途中注意事项

- 当在野外或者大自然里旅行时，一定要确保孩子的安全，尤其是让这个年龄段的孩子学会自己，在玩耍中注意不要大意。

- 旅途中，照顾孩子的情绪，尊重他们的情感，理解他们的想法，尝试他们的建议。

- 在古迹游或者文化游前，可以做一些知识准备，比如阅读或者观看与目的地的历史文化有关的文字资料或是视频资料。

- 在旅途中，大人可以结合所看到的、听到的、经历的，及时对孩子进行引导和教育，让旅行更有意义。

- 人际关系的培养和人生智慧是在书本中无法学到的，需要各种积累和锻炼。在旅途中帮助孩子拓展人际关系，给他们机会去学习和各种接触到的人进行沟通。

- 尝试给这个年纪的孩子机会，承担一些旅途中的大小事务，试着照顾同行的小朋友，甚至成人。

●鼓励孩子对旅行进行记录，既是一份很好的回忆，也能锻炼写作及思考能力。

●可以考虑让孩子在旅途中进行摄影或录像，把他们认为美好的事物、景色、事件拍摄下来。

如何做好旅行计划 >>>

自由行

自由行适合人群

①孩子太小，无法配合集体活动时间的家庭。

②想和朋友或者家人同行，或者独自享受自由惬意的旅行。

③已经有过多次海外旅游经验，在异国他乡不发怵的“老”游客。

④有能力自己寻找理想的住宿酒店。

⑤对酒店有特别要求。

⑥对吃东西比较有想法，想尝试各种海外美食。

⑦英文水平不错。

我个人觉得，2～5岁的孩子比较随性，还常会带些叛逆，希望他们乖乖地跟着旅行团统一行动，就太天真了。所以带着这个年龄段的孩子出行，最好还是自由行，自由度大些，能更加灵活。而且在吃的方面能更符合孩子的口味和喜好。

因为我个人的英语很好，所以在去很多以英语为官方语言的国家，我比较多的选择是自由行。自己做攻略，自己订喜欢的酒店。旅行的时候按照自己的节奏、自己的兴趣，去看，去玩。

还有，对于已经去过的地方，当你再次去的时候，最好选自由行，因为这样才可以更自由地看到许多参加旅游团看不到的美景。

旅行团

旅行团适合人群

①孩子愿意接受和陌生人同行。

②孩子能和团队活动的节奏合拍。

③不介意跟随旅行团的时间以及安排进行游玩。

④对吃的东西不挑剔。尤其是对中餐有高度黏着度的游客，通常旅行团会考虑这点，在海外旅行时，尽量多地安排中餐。不过也会让游客尝试几次有特色的当地美食。

⑤担心语言沟通有问题。

⑥需要有同伴一起旅行才会比较安心。

⑦没有太多海外旅行经验。

当孩子稍微大一些，其实参加旅行团也是个很不错的选择。在英语不是官方语言的国家，我带着孩子出游也会选择跟团行。

首先，在语言不通的国度，跟随大队人马游玩，既安全又热闹。我的大儿子在每次参团旅游的过程中，都会交到朋友，有同龄的小朋友，还有忘年交的老伯伯，也有感情好到认作干妈的。

其次，旅行团专车接送，集体安排住宿，一方面能为自己节约时间，另一方面可以节省更多的花费。

还有，对我和小朋友来讲很重要的一点就是，参加旅行团可以听导游“说书”。导游对旅游景点以及国家历史文化所做的各种介绍，有利于自己和孩子的知识面扩展，可以更多地了解到景点背后的历史和故事。遇到好的导游，可真是件幸福的事，他们不但将景区的历史文化带给游客，同时还会给大家带来更多的欢乐、关心和温暖。

出国旅行的各项准备 〉〉〉

● 关于签证

对于出境游，办好签证是决定能否出行的头等大事。签证所需要的资料、程序、费用以及签证审批的时间周期，因国而异，所以事先要做好调查了解，预留足够的时间做签证准备。

除了签证，也需要带好自己的身份证、护照、通行证等。

● 关于护照

特别说明一点，通常护照到有效期之前6个月是不能再用此护照出国的。出发前一定要看一下护照，如果护照的有效期已经不满6个月了，一定要去换一本。我的朋友曾遇到过这样的情况，护照不满6个月了，出关的时候被工作人员拦下，就是不允许出关，所以只能放弃已订好的航班，回去重新更换护照再走，非常折腾。

● 关于行程制订

出国旅行，在制订旅游路线和行程上需要花时间去仔细思量考虑（除非是跟团游）。可以参考目的地的介绍书籍或者上网搜索相关的内容，也可以向去过的朋友打听一些有参考价值的攻略。

当孩子小的时候，没有太大必要让孩子参与到行程制订过程中。但是孩子大些（尤其是5岁以上），当父母进行自由行的行程安排和计划的时候，可以尝试倾听孩子的声音，让他们在出游前就积极参与其中，鼓励他们说出想玩的、想干的、想吃的。

多选择有趣、适合孩子的游玩地点。行程也不宜太紧张，要尽量轻松，太劳累的行程会使孩子身体不适，甚至生病。

● 关于酒店和机票的预定

在大致路线确定后，就要赶紧订机票和酒店了。通常机票提早两个月订，会便宜很多。酒店也是，提早订选择更多，价格更优惠。

● 查看天气

提前了解要去地区历年此段时间的天气变化，以备好合适的衣物。

● 如何应对长途飞行

尽量选择午睡时间起飞的航班，让孩子更容易进入梦乡（婴儿尤其容易入睡）。如果是长途飞行，可以选择夜间航班，刚好让孩子在路上睡一觉。

飞行途中很可能会令孩子感觉无聊，一定要带上充足的分散注意力的东西，如书籍、蜡笔、游戏棋、小玩具及令他们惊喜的小零食——但别带孩子们特别珍爱的玩具，因为有可能会在路上遗失。还是建议带着iPad，万一什么都不管用，那还是拿出iPad让你和孩子的日子好过些。

为了减轻长途飞行带给孩子的不适和劳累，可以在飞机起降时让孩子吸吮奶嘴或咀嚼糖果，以减少耳鸣、耳痛。飞行途中，可以带着孩子在机舱内适当走动，活动一下身体。

● 如何给孩子调整时差

去国外旅行还需要注意帮助孩子做好时差的调整。如果可以，根据所到目的地的时间，在出发前1～2天开始稍微调整孩子的作息时间，以便到时候更快更好地适应时差的变化。

在到达异国他乡之后，尽量让孩子在白天多活动，并且尽量让孩子按照当地时间休息，尽快帮助孩子克服时差。

● 关于疫苗接种

如果孩子已经定期接受计划免疫，出国旅行前，可能还需要接种一些其他疫苗，这需要根据目的地的情况而定。具体接种何种疫苗，爸爸妈妈可向当地的国际旅行卫生保健机构咨询，然后提前接种好相应的疫苗。一般来说，疫苗接种后都需要半个月到1个月才能产生足够的抗体而发挥防病作用，因此，最好在出门前1个月做好相应的准备。

● 旅行中防止各种疾病

旅途中，孩子最容易得的病通常是腹泻和呼吸道感染性疾病。预防腹泻最关键的措施是：保证饮用水和饮食的清洁卫生。

预防呼吸道感染性疾病，很重要的一点是注意冷热，根据气温及时调整衣着。对小孩子来说，最好能穿一些穿脱方便的衣服，如毛衣开衫外面加上外套，热了就脱去外套，解开毛衣，冷了赶紧套上；衣服质地以全棉、羊毛等自然轻巧的为佳。

旅行途中难免拥挤，而且人来人往的地方也是各种病原菌最多的地方，必须到人群中去时可以戴上口罩，及时洗净双手。选用公共交通工具时，尽量不要让孩子坐在正在咳嗽的人旁边，以免被感染。

很多呼吸道感染性疾病是可以通过预防接种而加以预防的，按时接种各种疫苗，如麻疹疫苗、腮腺炎疫苗、风疹疫苗、流行性感冒疫苗、肺炎疫苗等，可以有效地保护孩子免受疾病的侵袭。

● 其他必带物品

确保带足够的钱，若有需要，按照汇率换好当地货币。

通信设备（手机之类）、照相机及其充电器。

转换插头。

特别电话单。在国外有时会遇到特殊紧急情况，去之前了解一下那个国家的驻华使馆的电话，以及其他有关的求助电话（救护车、警察、火警等）。

各个国家都会有自己的风俗和禁忌，去之前应该好好地了解一下，免得到了那里出洋相，惹麻烦。

特别提醒一点，如果在美国自驾游，车用儿童安全座椅是必需品之一。所以，最好自带车用儿童座椅，或租赁汽车时选用备有车用儿童座椅的车辆。

带足常用的药品，最好再掌握一些急救方法。

第二章

自然游

新西兰旅行建议

“蓝天、白云、绿草”是新西兰最吸引人的地方。在这里，孩子可以泡在大氧吧里，感受美妙大自然的各种神奇，而你也可以全身心感受难得的平和悠然。

最佳旅游时间

新西兰处在地球的南半球，和我们的季节是相反的，最佳旅游时间是1～5月和9～12月。

行程规划

新西兰好玩的地方太多，为了能带着孩子畅游新西兰，出发前的行程规划实在是太重要了。

关于新西兰旅游的网站很多。这里特别推荐一个对自由行计划很有帮助的新西兰旅游网站：http：//www.newzealand.com/cn/。这是新西兰的国家旅游官方网站，权威也全面。这个网站几乎可以帮你把去新西兰旅游的种种准备及计划一站式搞定：从签证，到酒店住宿；从行程安排，到各项好玩的运动。根据你在新西兰逗留的时间，来比较实际地规划行程吧。

自驾游VS旅游团

如果可以适应在右舵开车，那么就尽量选择自驾游。因为新西兰真的是太适合自驾游了。首先，路上没什么车，经常是“前无古人，后无来者”。其次，随处都是景色，无数美丽的惊喜都在路上等着你。

不能错过的新西兰美景

● 新西兰的温泉

地下的板块运动造就了新西兰不少景色雄奇的地热区和舒适惬意的温泉，同时也成为部分地区发电、供热的能源。

新西兰北岛的罗托鲁阿（Rotorua）是主要地热景点之一，时刻运动不歇的地热区中遍布泥浆池和间歇泉，空气里无处不在的硫黄味使得人们把此地称为“硫黄之都”。温泉的奇特疗效更为罗托鲁阿赢得了“治愈圣地”的美名。

除罗托鲁阿之外，在北岛的大部分地区都能享受到温泉和各种地热体验，比如图朗伊（Turangi）以北、汉默温泉（Hanmer Springs）和南岛的西海岸（West Coast）等。

带着孩子泡温泉，是件很惬意的事，尤其推荐晚上去泡露天温泉。和小宝贝趴在温泉池边，看着天上的繁星点点，给他们讲各种故事，他们这辈子都不会忘记这样的童年回忆。当然，带着孩子泡温泉的时间不宜过长。

● 新西兰的海岸线

新西兰秀美的海岸线每一段都有不同的风景。在北岛北端和东海岸的大多数区域，你都会发现绵延开来的细沙海滩，无一不是游泳、冲浪和日光浴的完美场所。北岛西海岸的沙滩由于含铁质较多而颜色稍深。

南岛北部也有不少美丽的沙滩，其余的海岸则岩石密布，更具蛮荒气息。

很多海滩还是野生动物的栖息地，看到海狮、海豹、企鹅，你可千万别吃惊。

•新西兰的冰川

新西兰的南阿尔卑斯山中有多条冰川，其中最大的要数塔斯曼冰川。游客漫步走到库克山的观景村就能一睹其伟岸身姿。新西兰最著名的冰川则是南岛西海岸的弗朗兹·约瑟夫冰川和福克斯冰川。

带着孩子，可以挑选专门为登山和徒步运动修建的小径，轻松进入这些几千年前冰流开凿而成的巨大冰川峡谷。

为了更省事、更不费劲地欣赏冰川的美丽，除了在冰川漫步，你也可以带着孩子体验直升机冰川观光。

新西兰还可以满足你追求刺激冒险的向往。虽然很多上山下海的活动不适合孩子，但是作为孩子爸妈的你们，在这样的人间仙境，尝试滑雪、蹦极、跳伞、潜水，犒劳一下自己，还是可以考虑，而且很有必要的。

Tips:

旅游达人妈妈个人建议：如果带着孩子想一次把南岛、北岛都玩遍，那么准备一个月的假期吧，好好畅游一番。如果是只玩一个岛的话，也请至少准备10天到半个月。

新西兰南岛18天行程推荐>>>

推荐的路线是自驾从新西兰南岛基督城出发，最后回到基督城，基本上是开车绕南岛一周。国内飞新西兰的航班不少，北京、上海、香港都能直飞新西兰。

自驾途中经过的几个重要地点有奥马鲁（Oamaru）、达尼丁（Dunedin）、因弗卡吉尔（Invercargill）、斯图尔特岛（Stewart Island）、米尔福德峡湾（Milford Sound）、皇后镇（Queenstown）、库克村庄（Mt Cook Village）、特卡波湖（Lake Tekapo）、基督城（Christchurch）。

时间	大致行程安排	在哪里住
Day1	起程前往新西兰南岛。	
Day2	到达新西兰南岛基督城休息，倒时差。	基督城
Day3	上午9:00开车从基督城出发，12:30到达奥马鲁（用时3小时35分）。 在奥马鲁待到傍晚。活动推荐： 参观奥马鲁的小镇； 参观奥马鲁的蓝企鹅保护中心。 傍晚时分开车从奥马鲁到达尼丁（用时1小时40分）。	达尼丁
Day4	游览达尼丁。活动地点推荐：小镇历史古迹；Inner city heritage walks；Dunedin植物园；Glenfalloch Woodland花园；Cargill山区散步；Wellers Rock附近观察野生动物，有企鹅、海狮、海豚等（可以在www.wildlife.co.nz预定）。 傍晚时分开车从达尼丁到因弗卡吉尔（用时3小时3分）。	因弗卡吉尔

Day5	坐船从因弗卡吉尔到世界最南端的斯图尔特岛（用时1小时）。可以在以下这个网站预定船票：www.stewartislandexperience.co.nz。 斯图尔特岛一日游。岛上活动推荐：水下探险。其他活动可以上网站www.realjourneys.co.nz寻找。	斯图尔特岛
Day6	早上坐船回到因弗卡吉尔。 开车从因弗卡吉尔到蒂阿瑙（用时2小时19分）。 在蒂阿瑙小镇逛逛，找个有情调的饭店吃晚餐。然后早点休息。	蒂阿瑙
Day7	开车从蒂阿瑙到米尔福德峡湾（用时1小时40分）。争取在下午两三点到达米尔福德峡湾，通常下午会有巡游。	米尔福德峡湾
Day8	开车从米尔福德峡湾回到蒂阿瑙（用时1小时40分）。争取在下午三四点到蒂阿瑙，然后可以参加17:45的萤火虫活动（20:00结束）。	蒂阿瑙
Day9	早上开车从蒂阿瑙到皇后镇（用时2小时30分）。 中午到达皇后镇，然后在城里逛逛。	皇后镇
Day10	在皇后镇游玩。	皇后镇
Day11	在皇后镇游玩。	皇后镇
Day12	在皇后镇游玩。	皇后镇
Day13	早上开车从皇后镇到库克村庄（用时3小时48分）。 到达库克村庄后，可以在周边游览，或者钓龙虾。	库克村庄
Day14	游览冰川，可以在网站www.glacierexplorers.com上查询预定。 下午开车从库克村庄到特卡波湖（开车用时1小时29分）。	特卡波湖
Day15	早上欣赏特卡波湖。 午餐过后开车前往基督城（开车用时3小时21分）。	基督城
Day16	早上前往海边小镇凯库拉（开车用时2小时46分），观鲸鱼、海豚，坐船游览。 吃完海鲜大餐后回到基督城。	基督城
Day17	在基督城打高尔夫。	基督城
Day18	在基督城观光及购物。	基督城
Day19	回北京。	

凯库拉
库克
基督城
特卡波湖
米尔福德峡湾
奥马鲁
皇后镇
蒂阿瑙
达尼丁
因弗卡吉尔
斯图尔特岛

踏上最后一片净土 〉〉〉

人生有一堂很重要的课，我们必须教给孩子，那就是让孩子从小热爱自然，亲近自然，学会和大自然和谐相处。

新西兰，有人说这是地球上最后一片净土，《魔戒》系列影片给世人展示了新西兰近乎魔幻、堪比仙境的自然风光。由于地理位置原因，我们国家到新西兰的旅游线路直到近几年才火爆起来。2007年的春节，我在新西兰的北岛度过，美丽的风光、富饶的土地、淳朴的民风让我差点打算在新西兰买房常驻。最后我还是回归现实，恋恋不舍地离开了。但是那时我就打定主意，一定要常来新西兰。所以，2008年的春节我带着孩子又一次探访了新西兰，只不过，这次我们去的是传说中更加美丽的南岛。

新西兰地广人稀，最好的旅游方式是自驾游。我们的自驾路线是从基督城开始，陆续去了奥马鲁、达尼丁、因弗卡吉尔、斯图尔特岛、米尔德福峡湾、皇后镇、库克村庄、特卡波湖和基督城，全程3000多公里。这十几天，我们从基督城出发，最后回到基督城，基本上是开车绕南岛一周。4岁多的Leo（我的大儿子）虽然从出生几个月就跟着我在中美之间跨洋穿梭，并且两岁到三岁之间也跟我去过日本、韩国、中国香港等地旅游，但和我一起在陌生的国度进行为期两周多的自驾游，还是第一次。去之前，我上网搜了很多关于南岛的旅游信息，精心做了旅行计划，然后订了机票，上网租好了车，预订了旅店。然后我们兴奋地整理旅行包，和一群有趣的朋友一起望眼欲穿地等待2008年2月1日的到来。

我们的航班是澳大利亚澳洲航空公司的，从香港起飞，先到澳大利亚布里斯班（Brisbane），再转机到新西兰基督城。

旅行尚未开始，我们就遭遇了一个从未遇到过的大麻烦事。到了香港机场的办票柜台，我才得知在澳大利亚转机，必须得有澳大利亚入境签证。转机不出机场也要入境签证，这样的无理要求连我们这样经常旅行的人也从未遇到过。旅行社代买机票的时候也没有说明，所以我们没有办澳签。无奈之下，我只能当场掏出信用卡到隔壁新西兰航空的办票柜台现买了当晚香港直飞新西兰的机票。

飞行的途中倒是一路无事，当地时间2月2日晚上，我们到达基督城的机场。提了预订的车，我们开着车前往基督城的酒店。新西兰开车是右舵左行，与国内刚好相反。一再提醒自己的我还是一出机场就逆行了，好在路上基本没车，心惊肉跳地适应了1个小时之后总算是进入新西兰合格驾驶员的行列。

按照我的计划，基督城的游览安排在最后几天，所以先在这里住一个晚上，第二天一早我们就会开车南下。我们的第一个晚上睡得不是很好，除了时差，还有近10年在国内从未见过的透亮夜空和漫天繁星一下子带来太多的兴奋，让我们无比憧憬着接下来的日子。

第二天早晨，我们开车从基督城出发，前往奥马鲁。大约3个半小时车程，到达时已经是中午了。我们简单地在一家路边的饭店吃了午饭，然后开始游览奥马鲁的市中心。奥马鲁是个历史小城，有很多用当地产的白石建造的维多利亚式的建筑，号称“白石之城”，到处都洋溢着怀旧的气息。

我们在奥马鲁看到了老式的蒸汽火车，可以坐着绕老镇一圈。刚想去坐，准备进站的火车拉起超大声的长笛，喷出了很多黑色的油渍，溅了我一身、Leo一脸。Leo居然还乐得咯咯的。我赶紧拉着Leo去清洗干净。火车就不打算坐了，我们转而开车去了奥马鲁附近的海边。走上海边的栈桥，我们看到上面密密麻麻地停满了海鸟。桥下岸边是一片礁石，这里的海是清澈的蓝绿色，这片小小的海港，就是珍贵的蓝企鹅的家。在新西兰，生活着两种企鹅：一种是蓝企鹅，主要观测场所就是在奥马鲁；另外一种是黄眼企鹅，主要观测场所在达尼丁。奥马鲁在这个蓝企鹅的栖息地建立了蓝企鹅保护中心，人们可以了解到很多关于这种可爱动物的信息。据说，每天傍晚，这些小企鹅会结束一天的捕猎生活，会成群结队地返回自己的巢穴。蓝企鹅非常胆小，上岸时间都在天黑以后，灯头会对它们造成干扰。海边观测地

奥马鲁市中心的教堂

曲曲折折的海滩，还有远处游上岸晒太阳的海豹

的介绍牌子上特别写着，为了避免灯头等发光物对胆小的企鹅造成干扰，在观测的时候一不要大声说话，二不要开灯摄影。

这里另外一种出名的动物是海豹。我们正好看到不远处一只才从海里上岸晒太阳的海豹。Leo特别兴奋，这是他第一次和野生海豹亲密接触。海豹肥胖肥胖的，不过让我们吃惊的是，大胖子海豹运动起来速度相当快，它在礁石中穿梭如履平地。海豹找到了一块自己最满意的晒太阳的地方，摆了个舒服的姿势，然后久久不动，美美地享受着海边的日光浴。

在这个大自然的天堂，我原本脑海里熟悉的钢筋水泥的都市慢慢变得模糊了。

下午，我们从奥马鲁接着往南开，这天要在达尼丁过夜。一路上Leo很乖，歪着头呼呼地睡觉。开了两个多小时车，我们到了位于南岛东海岸的达尼丁。在150多年前的淘金时代，达尼丁曾一度是新西兰人口最多的城市。由于当时的居民多来自于苏格兰移民，因此这

我和Leo在达尼丁街头

座城市至今仍保持着浓郁的苏格兰情调。新西兰的第一所大学奥塔哥（Otago）大学就建在这里。市内有博物馆、艺术馆、教堂及大学等各色建筑林立，文化氛围浓郁。

达尼丁看起来比奥马鲁大一些，也更繁华。我们到的时候是晚餐时间，去了市中心一个八角形广场边的餐厅。餐厅的大门对着广场，广场很热闹，人来人往，还有年轻人玩滑板。广场四周有很多漂亮的维多利亚样式的老建筑。看旅游书上介绍，这里被称为南半球的爱丁堡。

这座古雅幽静的城市除了漂亮的老建筑，还以其珍奇的野生动物闻名世界。我们简单吃了点晚餐后，就开车去了当地奥塔哥半岛海边的动物保护区。动物保护区离城市也就半个小时的车程。我们把车停在海边的一个山坡上，一下车，就被海边傍晚的大风吹得几乎站立不稳。要想看到动物，必须沿着山坡上的小道前行一大段路。我们艰难地顶着风走，真是一种挑战！不过Leo完全没事，拉着我的手，还说："走快点，走快点。"

走了好一会儿到了海边，Leo蹦蹦跳跳四处寻找传说中的企鹅、海狮。我们的艰辛是值得的，除了看到了晚归的企鹅，还看到了海滩上横七竖八躺着的海狮。Leo最得意的是，有一只小海狮匍匐前进着要追他，他成功逃脱了。不过我告诫他，海狮有攻击性，以后不能离得太近。

在酒店休息了一晚，第二天早上，我们去了奥塔哥半岛"天险"处特别美丽的拉那克（Larnach）城堡。这是新西兰唯一的古城堡，后哥特式风格，始建于1871年，庄严气派，古朴巍峨，静静地矗立在庄园正中，城堡前面有一个巨大的喷水池，绿油油的草坪下面有一个大花坛。进入古老又带有神秘色彩的城堡，首先看到的是主人的介绍。古堡创建者威廉·郎尼克（Willam Larnach）富甲一方，他拥有令人艳羡，却也满载着悲剧情节的人生。

山坡上居然有好多羊在吃草，羊儿们笃定地埋头吃着晚餐，并没有因为大风而影响好胃口

我在城堡前

城堡里有43个房间和一间大舞厅。除了舞厅，房间都不大。但是各项功能齐全，除了大人和小孩的寝室，还专门有音乐厅、餐厅、阅览室、女生聊天室、男生聊天室。最特别的是，这里还有个鬼屋，是之前某一位女主人的卧房，传说常会闹鬼。站在这个房间里面，感觉气氛相当的诡异。

从古堡花园往外走，可以看到一片海，风景很美。城堡的花园坐落在城堡的右手边，占地不算大，却是巧心安排的。小巧步道蜿蜒在一片花海中。在这里，每一个角度，每一个方向，都能欣赏到不一样的精致，让我们惊叹不已。

上车离开城堡的时候，我们依依不舍地回头又看了一眼城堡，它安静地矗立，仿佛在向每一个到过的人讲述着一段传奇曲折的历史。

我们下一段旅程继续向南!

“世界的尽头”斯图尔特岛 〉〉〉

离开了达尼丁，我们接着往南开，目的地是南岛最南端的城市因弗卡吉尔。离“大城市”越来越远，沿途公路两边大部分是大片绿色的天然农庄，视野非常开阔，漫山遍野的羊群、牛群悠然自得地在蓝天白云下、青山绿草间享受大自然赋予的美妙生活。在途中，经常是前后数十公里只有我们一行两辆车，在蜿蜒的乡间公路高高低低地前行，向着夕阳，两旁了无人烟，如画的风景不断倒退，就像我们是地球上最后的两车人，那感觉数年后的今天想起，仍是意犹未尽！

在因弗卡吉尔的海边，我们近距离地看到了在海边晒太阳睡午觉的海豹

斯图尔特岛的美景

因弗卡吉尔有各种非常好的商店、酒吧和餐馆。维多利亚女王时代、爱德华七世时代的装饰艺术风格的建筑，使这里别具一格。在博物馆里有新西兰大蜥蜴舍和夏季女王公园里的玫瑰园。在安德逊公园艺术长廊里展示着来自南部及整个新西兰的精品艺术作品。当地的食物以牡蛎和蓝鳕鱼为特色。

我们在这里住了一晚，第二天早上来到新西兰南岛最南端的布拉夫（Bluff）港口。布拉夫港口距离因弗卡吉尔市25公里，是欧洲人最早来到新西兰的地方。在这个港口，我们准备坐船去斯图尔特岛——位于新西兰最南端的小岛。对于我们来说，这也就是世界的尽头了。

我们坐的快船腾水而起，乘风破浪在海上飞驰了60分钟后，到达了斯图尔特岛上唯一的小镇奥班（Oban）。跨海的渡船在海上颠簸行进整整1个小时，我倒是没事，但是可怜的Leo大吐特吐，搞得心情相当郁闷。好在上了岛之后，看到岛上无比美丽的风景，让我们觉得即便晕船也是值得的。

新西兰南部地区相比国内的城市已经够安静了，但身处这个与南岛隔海相望的斯图尔特岛，我们感到更加的宁静、祥和。这个岛屿人口不到500人，就面积而言，能够装得下两个半新加坡，可是只有100多个家庭。岛上的人都住在岛北的小镇，听说岛上人连生孩子也要互相商量，否则孩子生下来没有同龄的小伙伴，所以要一起怀孕，一起生。这里常年接待无数喜欢离群索居、热爱苍茫荒野的游客。在毛利语中，这个小岛被称作“拥有闪亮天空的地方”，因为斯图尔特岛所在的纬度磁场异常，会有奇异玄幻的极光现象，是观察南极光的极好去处。不过，我们去的时候是当地的夏天，又是白天，所以没有见到让人惊叹的灿烂极光。

上岛后，我们租了辆小车，在岛上到处闲逛。虽然小岛和南岛仅一海之隔，不过30公里，可是却有着类似热带雨林的气候。斯图尔特岛上85%的地方被划入新西兰国家公园——拉基欧拉国家公园（Rakiura National Park）。我们绕着海边，开到了山顶，走了小径，蹚了河水，这个小岛每一处都有着让人难忘的美。

这里是森林和山丘的天堂，也是原生鸟类的完美栖息地。我们把车子开到了深山里，因为有介绍说，这里可以看到野生奇异鸟类。Leo人小眼尖耳朵灵，在树丛里看到了好多珍奇的鸟类，有新西兰的

新西兰是白云的故乡，斯图尔特岛就是自然的天堂，看看照相机帮我们带回来的纪念吧

国鸟奇异鸟，还有卡卡鹦鹉、图伊鸟、铃鸟等珍稀鸟类。后来开车下了山，在山脚下的海滩边，我们还看到信天翁、海燕、鸬鹚、海鸥等常见的海鸟在头顶盘旋。

岛的中南部被雨林和湿地所覆盖，岛的北部有大片由淡水河（Freshwater River）形成的沼泽溪谷，风景蔚为壮观。我们行车跟随河流，穿越小岛。停车在河边小憩的时候，我和Leo都脱了鞋子，把脚泡在河水里，抬头看着岛上的山脉蜿蜒围绕着溪谷，听着动听的鸟鸣，过着和当地人一样的简单、淳朴、慢节奏的生活，百分百地投身自然，放逐心灵。

山顶美景

在蒂阿瑙湖边歇歇脚 〉〉〉

米尔福德峡湾是南岛的一大看点。我们要去米尔福德峡湾，就要翻越峡湾国家公园的原始森林大山。这个原始森林大山是南阿尔卑斯山脉的一部分，边上是新西兰第二大湖蒂阿瑙。湖边有一个小镇，很安静、很秀美。到达蒂阿瑙湖之前的几天，我们几乎每天都需要开车赶路前行，虽然一路美景，但感觉无法静心欣赏，所以安排行程的时候，特意安排在蒂阿瑙湖边的旅店踏踏实实地住两天，停下赶路的双脚，优哉地感受新西兰的宁静美丽。而且在这里，我们过了2008年的除夕新年。这个新西兰的小镇压根没有中国新年的气氛，但是我们还是快快乐乐地守岁，上网了解春晚，在日月星辰底下我美美地

美丽的蒂阿瑙湖，每时每刻都干净透亮

给Leo派压岁钱。同行的朋友还抽空去打了一场全天然，无人看管，连付费都是靠打球人自觉把现金放入信封投入邮箱的18洞高尔夫。回来后男人们一反常态，讨论的不是球技，而是球场里碰到的各种野生动物!

新年的第一天我带着Leo去湖边玩，看飞鸟，喂鸭子。湖边悠闲幸福的野鸭让Leo很兴奋。起初Leo不知道如何表达自已初见这些野鸭的兴奋之情，找了个树枝追赶它们，惹得它们一通乱飞。后来，他专门跑回酒店，拿了面包，引来了无数野鸭、鸽子。自此，大家太平相处。我坐在岸边的木头椅子上，看山看水看儿子，任凭时间分分秒秒溜走。

下午，Leo和同行的朋友去了有名的萤火虫洞。我则在旅店做好吃的，等他们回来。晚餐时间，Leo详细地向我描绘萤火虫之旅，说去看的人很多，在向导叔叔的带领下，沿着一个小木桥小心地走，就到了萤火虫洞。Leo说，他坐了一条只能坐10个人的小船，然后小船带着他去了黑暗的地下河，船开得很慢。Leo还说，导游叔叔说了，不可以大声说话，不然会吵到在岩洞顶部休息的萤火虫。我问他，萤火虫多吗？他说，可多可多啦，比这里晚上抬头看到的天上的星星还多呢。嗯，我能想象，繁星点点，仿佛宇宙星空，一定十分壮观。听着就觉得有点可惜了，我没能看到，但是想想上一年在新西兰北岛也游过萤火虫洞，应该是类似的吧。Leo还问我，妈妈，你知道为什么

学习与野鸭相处的Leo

吃过晚饭，我们去湖边散步看日落

萤火虫会发光吗？我说，不知道。小家伙可找到机会显摆他刚被普及的知识了，得意地回答我，萤火虫饿了，就会趴在潮湿黑暗的岩洞，靠尾部发光吸引昆虫来自投罗网，萤火虫发的光越亮，就表明它越是饥饿。

我们在蒂阿瑙湖边悠闲地歇过脚之后，按照旅游计划，开始向迷人的米尔福德峡湾进发。

我们上了米尔福德大道。这是一条从蒂阿瑙通往米尔福德峡湾的大道。沿路我们饱足了眼福，一望无际的金黄色大草坪；像镜子一样的湖水（镜湖），湖面上倒映出群山完美的身影；奔腾不息的瀑布；潺潺向前奔流的小溪……我们留了足够的时间在这条路上，不停地下车拍照，散步，尽情地呼吸新鲜空气。

过了镜湖之后，仿佛进入了童话世界，但是两边的山势开始险要起来。两旁守护神一样的大雪山逼得我透不过气来，和山顶的皑皑白雪相比，雪线以下直到山脚是一层厚厚的墨绿色的从没有人开发过的原始森林。山路变得不是那么好走了，有些地方甚至有180度的转弯，公路上开始看到很多限速20公里的大牌子。除了限速的牌子，居然还看到路边的告示：Avalanche area，no stop（雪崩地带，请勿停留）。雪崩！怪吓人的。开了好久，我们到了隧道，过了隧道，就离米尔福德峡湾不远了。

经过一路险途，我们总算到了新西兰南岛西南端的米尔福德峡湾国家公园。这里有新西兰规模最大的峡湾，同时也是最完美地保存了新西兰自然景观的一处峡湾。峡湾是由冰川侵蚀河谷所形成的。200万年前，几千米厚的巨大冰川由高山向下滑时，不仅从河谷流入，还将两岸磨蚀得高大、陡峭，最终成为峡谷。当这些接近海岸的峡谷被

镜湖，清楚地倒映着蓝天、白云、青山、鲜花

海水倒灌时，便形成峡湾。国家公园内现有14条峡湾，目前只有两条峡湾初步开发，可供人们游览。

Leo在山脚捡到了冰块，看把他冷的

新西兰所有峡湾中最简单而美丽的就是米尔福德峡湾。“Sound”的意思就是很深的峡湾。它被英国作家吉卜林（Rudyard Kipling）称为“世界第八大奇观”。游览这些峡湾的方式也是多种多样：可以坐船，坐小型飞机，或者是徒步。世界三大著名徒步线路都集中在这一地区。对于一般的旅行者来说，乘船游峡湾是最常选择的一种方式。这里有多家游船公司，时间和线路也可以根据自己的喜好选择：有一天的，有半天的，还有过夜的；有含午餐的，也有不含餐的。在来新西兰之前，我在网上做了研究，最后定了过夜的船票，坐船游览峡湾。Leo特别兴奋，因为这是他第一次在船上过夜，住船上旅店。

我们的船是下午时分起航离开港口的。船的出海航行走得非常的平稳，没有颠簸。去斯图尔特岛时晕船的Leo这次一点事没有。

船行驶在峡湾中，两岸崖壁高耸，如一层层大门包裹着水道，下午的太阳透过厚厚的云层射出几道霞光，波澜不惊的海面在群山环抱中显得格外娇媚，每个人都由衷地感叹大自然创造出的瑰丽景色。

晚餐前，船开到了一片安静的水域，然后停了船。我们可以选择各种玩水的活动：划船，游泳，潜水，坐小游船。Leo太小，我们参加了坐小游船的活动，近距离地沿着峡湾岸边欣赏美景，看两岸崖壁上的瀑布，或细长柔美，或咆哮澎湃。小游船的船长故意将船开到瀑布下，让水花飞溅到每个人的身上，Leo兴奋得尖叫。

天逐渐黑了，我们躺在甲板上，仰头望着夜空，仿佛整个宇宙星系都在头顶，好多好多的星星啊，真的一闪一闪地在眨着眼睛。这样清澈的夜空，我只依稀记得很小的时候，夏天夜晚，躺在外婆家的院子里看到过。我们尽情地看着夜空，Leo数了一晚上的星星，而我静静地在一旁陪着他，真想把这样的璀璨夜空带回北京。

傍晚，在船上吃了美味的自助餐，然后待在甲板上，看着太阳落山

美啊美啊皇后镇 〉〉〉

带着依恋离开米尔福德峡湾，我们一路飞奔，来到了世界上最美丽的地方之一——新西兰的皇后镇。小镇位于瓦卡蒂普湖（Lake Wakatipu）北岸，被南阿尔卑斯山包围着。在1.5万年前的冰河世纪，皇后镇是被冰河所覆盖的。后来这里曾经一度以淘金闻名于世。现在，它是新西兰的旅游胜地。皇后镇的当地人口不多，不到2万人。不过满大街都是来自世界各地的游人，到这个美丽的天堂欣赏雪山苍穹、碧水蓝天。

瓦卡蒂普湖是非常美丽的冰川湖，呈闪电形，也被称为闪电湖，来看看这个闪电湖吧

这座童话小镇的每一个角落都像是一幅最美丽的油画。童话里的人们非常安宁、平和地享受着大自然带给他们的美好。为了好好地欣赏她的美，为了体验当地人的美好生活，我们一行人在这里租了栋建在瓦卡蒂普湖边的别墅，一连住了好几天。别墅在半山腰，北面朝着瓦卡蒂普湖，透过这所别墅靠北房间的窗子，可以看到瓦卡蒂普湖那一汪蓝绿色的湖水。在别墅的二层有个大露台，细心的主人还放了大的烧烤炉子和木头的桌子、椅子。

在皇后镇住的那几天，每天白天我们都出去玩，傍晚回来的途中，从超市买好新鲜的羊排、牛排，还有红酒。到“家”后的第一件事儿就是先将它们洗干净，再放些调料稍作腌制，然后我们打开冰箱，提着冰冻好的啤酒、饮料上露台。在露台上，我们坐拥幽静的湖光山色，就着美景开始烧烤、聊天。这里的新西兰羊排是我们吃过的

一天傍晚，突然下了雷雨，不过没多久就雨过天晴了。厚厚的云彩仍然挂在山顶，让美丽的湖更加缥缈

最嫩的羊排，烧烤时发出的香味让我们个个垂涎欲滴，欲罢不能，吃到嘴里的美味至今让我们难忘。

皇后镇本身不大，花半天就能用双脚慢慢体会它大街小巷的清新美丽。这里最热闹的街道叫The Mall，它从湖岸向山区延伸，路边都是商店与餐厅，在这里可以找到各种讨人喜欢的纪念品和美食。皇后镇不仅景色迷人，犹如世外桃源，在不破坏大自然的情况下，还发展了许多惊险刺激的活动。上山、下海、飞天的项目全在这里出笼。很多前来皇后镇旅游的人，似乎都很清楚自己的目的，那就是找刺激，饱眼福！我们当然也找了很多活动来玩。

活动一：游鹿园高地（Deer Park Heights）

考虑到Leo这个年纪应该对动物很感兴趣，我带着他去了白云缠绕，有鹿群、羊群出没的鹿园高地。在皇后镇的周围，集中了电影《魔戒》的多个拍摄点。影片中精灵公主骑马载着弗罗多，被戒灵苦苦追逐的戏，就是在附近的克伦威尔地区的一处松林中拍摄完成。皇后镇附近的鹿园高地，在《魔戒》三部中多次作为背景出现过。鹿园高地是个在山上的野生动物园，公园大门入口无人看管，门票每车20新元，卖门票的机器会吃进20新元的纸币，然后挡道的栏杆会自动抬起，放你入内。进入公园后，一路都是山路，而且很窄，坡度也很陡，相当的险峻。

我们先开上了山顶，这里的野生动物都很温顺，比如鹿、黄羊、长毛牛、马、驴子之类。在野生动物园的路边，隔一段就会有一个很简单的动物饲料站，提供喂动物的饲料，游客可以把硬币放进饲料机，然后买上一大桶。这里的动物也学聪明了，总是三三两两地在饲料站附近活动。Leo买了一大桶，正打算喂，驴啊、鹿啊就都围上来

动物们在饲料桶附近转悠，看到Leo来了，快步过来，把Leo吓得缩头缩脑的

了，伸着头，张着嘴，急吼吼地要吃的。Leo吓得扔了桶就闪人，饲料撒落了一地，那些动物们不再追Leo，埋头开始吃大餐。

车接着往前开，我们突然看到了传说中的神兽羊驼（Alpaca），在山坡上静静地站着。这些可爱的小家伙都是大大的眼睛，长长的脖子，不过，原本应该卷卷的羊毛都被剃光了，一副单薄、弱不禁风的样子。Leo看了问，它们都没毛了，冷不冷啊？Leo可怜它们，在附近的饲料站又买了桶饲料专门喂它们。羊驼的脾气很温顺，不争不抢，Leo伸手给吃的，它们就探过头来吃一口。

喂了一路的动物，最后我们开车到了鹿园高地的山顶看风景。山脚下的一条蜿蜒的蓝色河流伸向远方，连绵的山脉腰间有薄雾环绕。还没看多久，突遇雷雨，一阵狂风夹着无数大雨点，很快就把我们每个人都淋湿了。我们冲回车里避雨，车下到半山腰的时候，狂风暴雨

雨后彩虹

过去了，Leo回头看了看，这一看不要紧，Leo发现天空挂着两道美丽的彩虹！这样的绝色美景恐怕一辈子也碰不上几回呢！

活动二：坐喷气快艇（Jet Boat）

我们在小镇闲逛的时候，在一家门面很大的旅游公司看中了一项叫Jet Boat的活动。Jet Boat就是喷气快艇，这不是一般的快艇，时速可以高达85海里。这项活动可以让我带上5岁的Leo。我们在小镇中心坐旅游公司的车到了皇后镇附近的一条叫达特河（Dart River）的岸边。在岸边停着可以坐十来个人的改良版快艇。刚开始我觉得不过是快艇带着我们在水面开上一圈，看看四周的风景而已。坐过才知道，我们估计错了！这的确是新西兰人的刺激活动项目！出发前，驾驶员让我们每个人都穿好专门的黑色雨披，还有救生衣。接着，他简单地介绍了快艇的安全事项，然后特意提醒我们，当他把手举起在空中转圈的时候，我们千万要握紧扶手，因为那是他将进行大旋转的暗号。

开船后，到了一片比较宽阔的水面，驾驶员把手高举出来，在空中做出画圆圈的手势，然后船急速地原地来个360度的旋转。即便我们双手紧抓着扶手，还是都被甩得东倒西歪，刺耳的尖叫此起彼伏。Leo也跟着大叫大笑，然后兴奋地高声告诉我："妈妈，这是漂移！"被漂移过第一次后，游客们就开始盼望着驾驶员多玩几次这样刺激的大旋转，不停地吆喝："More！More！"驾驶员也是个人来疯，一听满船的叫好声，接着来了个720度的原地旋转两圈。在接下来的近1个小时的快艇航行中，只要水面比较宽，驾驶员一定满足我们的要求，卖力地刺激我们。

我们都穿上了黑色的雨披和救生衣，就等着被刺激了

驾驶员不玩水上漂移的时候，也不好好开船。他喜欢快速地穿过狭窄的小河道，飞驰在河面上，而且故意冲向前面的桥墩，直到快要撞上了，再突然改变船头方向进行避让，侧着船身擦过桥墩。我们被这个大胆的驾驶员吓得魂飞魄散。

活动三：玩Luge滑车

皇后镇很多好玩的活动，都在郁郁葱葱的鲍伯山（Bob's Hill）附近。天空缆车（Skyline Gondola）把我们从山脚送到山顶。哪怕是再胆小的人，在这里最起码能玩的是：坐着全封闭的缆车观赏皇后镇的美景；在山顶自助餐厅美美地大吃一顿；还有一个项目，大人和小孩都能玩得很High，就是Luge滑车。

Luge有点儿像雪橇车，车子很简单，一个可供人坐的位子，一个控制前后左右的操控杆，操控杆向后拉到底就会刹车。有两种滑道可供选择，一个是风景滑道（Scenic Track），另一个是高级滑道（Advanced Track），两种都是800米长，但是下滑的速度很不一样。

坐着封闭式缆车
上山顶

这就是Luge滑车

我们选择的当然是不那么危险刺激的Scenic Track。戴好安全帽，我们坐上车。早上刚下过雨，滑道有点湿滑。我是个胆小的人，所以下滑的时候总想着不能太快。有这样的心态，当然速度不会太快了，想寻求刺激的Leo完全没有过瘾。

活动四：乘滑翔伞

要想饱览皇后镇美丽迷人的湖光山色，最好的方式就是乘滑翔伞，可以像鸟一样在天空中盘旋，享受360度辽阔的视野。

Leo年纪太小，不可以玩，倒是我，跃跃欲试。Leo跟同行的朋友在山脚下的滑翔伞降落场旁边等我。我满怀着勇气来到了乘滑翔伞起飞的山顶。

我玩的是前后双骑式滑翔伞，有专业的飞行员陪我一起滑翔。人以坐姿挂在伞的下方，一前一后，后面的飞行员会通过操控伞两边的绳索来掌握方向。陪我玩滑翔伞的是有8年多滑翔经验的澳大利亚小伙子Jack，他让我放心，一切他会掌控。作为游客，我所需要做的很简单，就是踏踏实实坐着欣赏脚下的美景。

Jack手脚麻利地将我和他绑在了一起，我们的身后拖着一个巨大的滑翔伞包，在他的口令下，我们一起拖着滑翔伞包拼命往斜坡下冲，在离开山坡的那一瞬间，有一种“自杀”的感觉。不过，脚刚不沾地，巨大的彩色伞面就在风力的作用下嗖的一下张开了，那一刻顿时感到人突然悬在了无遮无挡的空中。接着，我感觉自己变得轻飘飘的，而且随风飘荡起来。皇后镇就在我的脚下，蓝色的瓦卡蒂普湖，伸入湖中的凯文半岛和皇后镇花园，连绵不断的山脉，彩色的林间别墅，小虫一样动着的汽车，这一幅完美的山水画卷在我眼皮子底下完全铺展开来。

Jack在空中控制着降落伞，还忙里偷闲给我拍照、录像。在他的鼓励下，我们在高空做了刺激的摇摆和高难度的盘旋，我是止不住地尖叫。在空中飘来荡去好一会儿之后，我们渐渐远离云端，万般不舍地接近了地面。离地面大概50多米时，Jack示意我保持抬脚向前，然后他双脚先落地，在惯性作用下，Jack往前又跑了好几步，我们便顺利落地了。

在空中无比享受的我

这时Leo从不远处朝我奔来，他对我的勇敢极其佩服！Leo说，他刚才在山脚下不停冲天空喊我的名字，不知道我听到没有。嘻嘻嘻，我自己不停地尖叫，压根没有听到啊。

活动五：看风景、喂鸭子

我们租的别墅虽然在山上，但是花10分钟走到山脚下，就是美丽的瓦卡蒂普湖。我们会在吃完晚饭后，散步去湖边。湖畔茂盛的大树下还有专门的长椅供人休息。我会坐在长椅上，看着蓝天白云之下的瓦卡蒂普湖妖娆地伸展着它的腰身，看着天上云彩的影子清晰地映在湖面上，随风变幻。看着这一切，我心里不禁想，上帝真的是太偏心了，怎么能将如此多的美景聚集在这样一个小镇呢?！

在瓦卡蒂普湖畔，随处可见野鸭、野鸟、鸽子的踪迹，它们都是那样的悠闲，也不怕人，还很乐意在人脚跟前踱来踱去。Leo最喜欢的活动是喂小鸭子和小鸟。喂完了小鸭子、小鸟，Leo会干所有男孩子爱干的事儿——朝着湖水扔石子儿。

在新西兰这样一个纯净的国家，有四周壮阔的山峦和眼前清澈的湖水陪伴，实在让人不想离开这片世外桃源，就希望一直这样，心无旁骛地和家人在一起，看山看水看夕阳。

在湖边玩得不亦乐乎的Leo

阿拉斯加旅行建议

阿拉斯加有极其壮观的冰雪风光，可以在冰川徒步，看三文鱼洄游，在冰湖中划皮划艇，体验因纽特人的独特文化。

最佳旅游时间

因为地理位置特别靠北，所以阿拉斯加的冬季长，夏季短。最佳旅游季节是每年5月底开始到9月初。这段时间，是观看野生动物的好时机，狼、麋鹿、海豹、海狮、北极熊等这些不常见的动物都结束了冬眠，活生生地在你面前奔跑、睡懒觉、晒太阳。

因为旅游者会集中在这段时间去探访这个迷人且神秘的地方，所以旅游旺季这几个月的各种旅游资源会很紧张。如果有兴趣去阿拉斯加旅游，必须提早做好出行前的准备工作，尤其是如果想要开着房车游走在这片广袤的土地上。

游轮游VS自驾游

阿拉斯加三面临海，在这里游览，可以选择自驾或者游轮。

如果同行者中有老人或者年纪小一些的小朋友（不满6岁），那么个人推荐游阿拉斯加最普遍、最安全、最省心的方式——游轮。这些游轮通常都相当豪华，高档的设施，丰盛的膳食，还有各种娱乐活动。如果预定得早，费用也不见得会高。不过，游轮的旅游路线是沿着海岸线，所以只能带着你去看近海边的一些城市和景点，体验冰川，感受崇山峻岭。那些阿拉斯加的内陆城市，比如费尔班克斯——最棒的观看北极光的好地方，如需探访，非得自驾不可了。

游轮的玩法虽然会比较轻松，省心省时省力，但对于我这样渴望未知、享受探索、乐于冒险的人来说，循规蹈矩地游览损失了太多来这片大野地旅游的真谛。

我这次去阿拉斯加，旅途中有7岁的Leo做伴，旅行的意义远远超越了游山玩水。我希望能和他一起去了解当地的风土人情，和他一起行万里路，阅百样人，交八方友。只有自驾游，才能带着我们去看当地人如何工作和生活，体验他们不一样的人生。

下面向大家推荐一个带着孩子去阿拉斯加亲子自驾旅游的行程，为期14天，让你和孩子好好地把阿拉斯加逛个够。

阿拉斯加14天行程推荐 >>>

时间	大致行程安排	在哪里住
Day1	到达阿拉斯加安克雷奇（Anchorage），提车，休息，倒时差。	安克雷奇
Day2	游览阿拉斯加最大城市安克雷奇。 参观安克雷奇博物馆（Anchorage Museum）。 参观库克船长纪念碑（Captain Cook Monument），在观景台俯瞰库克湾和安克雷奇火车站，远眺Mount Susitna。 参观库克湾旁的地震公园（Earthquake Park）。	安克雷奇
Day3	早上开车前往基奈（Kenai）半岛的小镇。 中午时分到达基奈，吃午餐。 下午参观基奈小镇、俄国教堂，观看野牛动物，远足。	基奈
Day4	早上开车从基奈小镇前往西沃德（Seward）。 下午游览西沃德市，参观白令海峡海洋生物博物馆。	西沃德
Day5	游览基奈Fjords冰川。 提示： 1.有需要坐游轮游览的冰川，也有不需要坐游轮游览的冰川，具体可以上网预定。两个比较好用的游船预定网址： http：//www.kenaifjords.com/ http：//www.kenaitours.net 2.也可以玩冰川皮划艇。建议选择Trip Advisor排名第一的Kayak Adventure Worldwide。有多条路线可供选择。网址如下： http：//www.kayakak.com/aialikbaydaytrip/	西沃德

Day6	早上开车前往惠提尔（Whittier），乘坐游船游览海峡冰川。	西沃德
Day7	早上开车从西沃德前往丹那利国家公园（Denali National Park）。建议早上早点出发，比如7点，争取下午三四点左右到达丹那利国家公园。 下午三四点到达丹那利国家公园后，可以直接前往游客中心，购买好第二天进公园的票，并在游客中心参观。 丹那利国家公园最初的24公里对外开放，允许自驾车穿行。可以在傍晚时分，自驾先行感受公园的美丽。	丹那利
Day8	游览丹那利国家公园，相关游览活动可以查询网站http：//www.denali-alaska.com。	丹那利
Day9	游览丹那利国家公园。	丹那利
Day10	早上开车从丹那利国家公园前往费尔班克斯（Fairbanks）（阿拉斯加第二大城市）。 游览费尔班克斯市中心，参观阿拉斯加大学费尔班克斯的北方极地博物馆。 晚上22:00左右可以前往郊外的极光观测小木屋，如果幸运，当你举目瞭望夜空，会捕捉到千变万化的“电光秀”。	费尔班克斯
Day11	早上睡到自然醒，午餐后，开车前往北极（North Pole），拜访圣诞老人之家。 傍晚前往珍娜温泉度假村（Chena Hot Springs Resort）享受温泉。	费尔班克斯
Day12	前往北极圈，完成跨越北极圈陆路极光之旅。 建议从www.alaskatravel.com/fairbanks网站上找寻跨越北极圈的旅行团。	费尔班克斯
Day13	从费尔班克斯开车回到安克雷奇	
Day14	乘坐飞机回国	安克雷奇

费尔班克斯
安克雷奇
西沃德
基奈半岛

带着房子上路 〉〉〉

多年前我就有去美国最北、最大的外州阿拉斯加过夏天的梦想。但是忙碌的工作，年幼的Leo，让这个梦想搁置搁置再搁置。到了2010年，生活多了更多的自控，Leo也是个快要上三年级的小哥哥了，我又把去阿拉斯加提上日程。这时虽然家里添了Levin这个婴儿小弟弟，但是托了他外公外婆爷爷奶奶的福，加上帮得上忙的保姆，因此没有拖我的后腿。详细计划之后，我带着Leo整装出发，终于在

这个21世纪的“大篷车”，有着不一般的健硕体格和伟岸身躯

车尾的卧室，舒适的双人大床。在我们取车的时候，就拿到了干净崭新的床单和其他相关的床上用品，所以不用千里迢迢地带来，也不必现买，十分方便

2010年7月踏上了阿拉斯加的广袤大地。

这次，我没有租普通的家庭车，也没有定拉风的敞篷车，而是定了个大家伙——7米多的房车。这辆大房车将近7.5米，和公共汽车差不多长了。

阿拉斯加的旅游旺季是从每年夏天的6月份到9月份。七八月是阿拉斯加最热闹的旅游时节，和旅游相关的各方面资源都会供不应求。这段时间，房车出租的生意极好，一般要提早四五个月预订，如果是过了5月再订车的话，就有可能订不上了。我准备工作做得很提前，早在3月份就上网狠狠地搜索了几个晚上，选择了ClippeRV这家租车公司。这家房车出租公司规模还算大，可供选择的车型也多。在外的旅途还是应该讲求适宜舒服，所以我选择了配备一应俱全的车子，厨房、卫生间、卧室、餐厅都有。

①哥哥提出自己睡驾驶员头顶的床铺，我同意了，看哥哥高兴的

②厨房前边就是餐厅，餐桌和长椅都结实地被固定住了。餐桌也是Leo看书、画画的地方。餐桌旁就是窗户，车开的时候，Leo常扎着保险带坐在餐桌前，看窗外美丽的风景

③厨房不大却是五脏俱全，所需要的基本洗菜做饭设备都给备齐了

④这是卫生间。开车不用找厕所，要多方便就有多方便

⑤这是车上的淋浴房。我们每天都能在车上洗热水澡。不过一定得记得，每天必须在露营地排污接水

房车很大个，相当难驾驶，感觉像是开大公共汽车或是土方车。驾车技术不是很过关的朋友们，还是不要挑战了。

开着车，我们开始了“吉卜赛人大篷车”的日子。激情奔放的吉卜赛人，激发了人们带着房子上路的奇思妙想。发动机的出现，汽车的发明，让房车开始了它真正的旅程。近几十年，爱享受的人们展开想象的翅膀，加快了房车的进化，车子内部的舒适性也大大增加。我们这间安在车轮上的房子可以供6人居住，能满足两家人同行的需求。这台房车还有多套供电系统，行驶和住宿时都能全天供应电力。

原本和我们同行的伙伴临时有事没有加入，所以我们很奢侈地拥有了这台房车的所有：舒适的卧室和清洁的卫生间、宽敞的客厅、整洁的厨房，还有空调、彩电、VCD、冰箱、微波炉、煤气灶、淋浴器、双人床以及沙发。这台房车有3个可以睡觉的地方，车尾部分是个卧室，里面放着一张双人大床；在餐厅，餐桌稍做改变就又是一张双人的沙发床；除此以外，驾驶室顶上还有个简易搭建的双人床。

那个时候的Leo虽然喜欢挨着我睡，但是在房车里，即便不在一张床上，哥哥晚上睡觉也不害怕。所以Leo依照自己每天的喜好，变换着睡觉的地方。

提示一下，房车必须停在营地，因为只有营地有房车需要的各项配套，才能给车充电、加水、加气、排污。和租车一样，在旅游旺季来阿拉斯加，营地的停车位也是要提早预定的。尤其是旅游胜地附近的房车营地，特别抢手，通常在5月份就会被预订一空。我预定营地比较及时，所以，此行我们所待的营地都是星级营地，配套完善，周边购物方便，而且都在名胜附近，十分美丽养眼，就好像生活在森林公园里边，和大自然是每天24小时零距离相伴。

让房车安营扎寨，就是每天天黑时必须把车开到有专门的房车驻扎区域，停好车，接上专用管道，连上天然气、自来水、电等设施，让我们开始像在家一样生活。每天早上出发前，要倒掉车里的脏东西。提车时，工作人员对我进行了差不多只有15分钟的培训指导，那么多设备，那么多注意事项，掌握起来还真是有一些难度。

有了带厨房的房车，这次旅行我们几乎每天都吃阿拉斯加的皇帝蟹和当地的各类海鲜。不用太担心荷包，这里海鲜是特产，价格不贵，实惠又好吃。小小的厨房每天到了傍晚就飘出喷香喷香的美味，哥哥每天都吃得眉开眼笑。

开着房车去旅行，让野花开在自己的枕边。

海边的基奈 〉〉〉

按照旅行计划，我们一路往南开，奔赴此次阿拉斯加旅行的第一站——基奈半岛的海边小镇基奈。

去基奈必经的是美丽的3号公路，沿途是无尽的旷野，旷野上盛开着一簇簇一丛丛不知名的鲜花，绿色的旷野依恋着远方连绵的群山，群山顶上是奶油般的积雪，皑皑积雪和蓝色的天、白色的云交相辉映。

3号高速公路

我们欣赏着窗外直播的美景，看远处延绵的群山，感受近处流淌着的河水，不知不觉中，车子开了3个多小时，傍晚时分到了基奈。原本以为，基奈在安克雷奇的南边，天气应该更暖和些。但是，我们想错了，这里的天气可真不敢恭维，气温比安克雷奇要低3℃～5℃，而且我们来得不巧，在基奈的几天，每天都是阴阴的，还断断续续下了两天的雨，让我们有点小失望。

按照GPS的指示，我们没有费太多周折就找到了事先在网上预定的宿营地Beluga Lookout。这是一个漂亮的口碑不错的房车营地，来过的游客都对它周围的美景称赞不已。

车开到营地门口，我下车去了营地办公室。值班的是个老奶奶，满面笑容地欢迎我，很和蔼地告诉我停车位的位置，以及这个

房车营地

营地应该注意的事项。停好车，我简单地做了香煎三文鱼晚餐，吃得饱饱的我们，碗都顾不上洗，就锁了车门，在房车的卧室里睡觉调时差。

在阿拉斯加睡觉，最好备个眼罩。因为这里的夏天每天日照有将近20个小时，日落通常在半夜。而且，太阳也就休息两三个小时，凌晨四五点的时候就又会出来上班。四周总是那么亮堂，不戴上眼罩，太容易起大早了。

第二天早起，我们在Beluga Lookout房车营地周围散步。这是个在大海边的小山坡上建起的营地，沿着营地南侧的一条小路往下走，不到3分钟就可以散步到大海边。我们坐在营地的木头长椅上，没完没了地眺望大海，看当地人在近海捕鱼，看游客在海边玩耍。

虽然在基奈的那几天天气不是很好，我们还是努力给自己找乐子，很巧，赶上了美国国庆节。我们混在当地老百姓中间，和他们一起

美国国庆节，小镇游行中的市长一家

过了有当地特色的美国国庆节。小镇总共不过8000多居民，国庆那天，人们拖家带口，几乎都上街了。人们在小镇的主街，拿着毯子、椅子，沿着马路两边有序地一路排开。

后来的几天，还是不太暖和，我们去买了钓鱼的渔具。我准备带着Leo去钓鱼。带着Leo外出游玩，小家伙对以下三样东西最感兴趣：游泳、高尔夫和钓鱼。

忙碌了一上午，我们的战绩是：一条鱼也没有钓到！但是我们的快乐有一大箩筐。Leo从头到尾热情高涨，而且表现得很有耐心，不急不恼地等着鱼儿上钩。要不是有点儿起风，有点凉，他还想继续钓下去呢！

傍晚的时候，闻着别人喷香的烤肉味道，我们有点迫不及待了。营地里有个烧烤的大帐篷，提供烧烤炉和烧烤炭。我们在附近

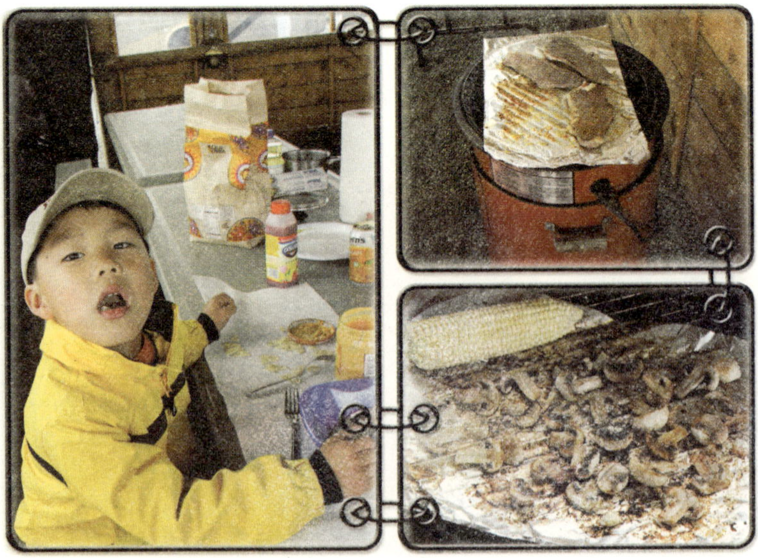

Leo美美地吃着烧烤美食

超市买了新鲜的牛排、蘑菇、玉米、果汁、薯片。我把牛肉简单腌了腌，然后开始生火。这个时候，Leo老老实实地坐在一边，一点儿不添乱，大口吃薯片，大口喝果汁。生好火后，我在烤炉上放了张铝箔纸，放上腌好的牛肉，开始烤。美国的牛肉很嫩，不用烤太久就能吃了。

肉刚放进盘子，Leo就抢了一块扔到嘴里，说："我先尝尝有没有熟哈。"然后，Leo大呼小叫地告诉我有多香，有多美味。

离基奈不远，有个很出名的小镇西沃德。今天的西沃德已经是一个完完全全的旅游城市，但依然宁静美丽。西沃德的名字来自当年购买阿拉斯加的国务卿。这里是阿拉斯加铁路的起点，很多到阿拉斯加的豪华游轮在这里停靠，很多去看冰山的游船也从这里出发。这里以冰山闻名，在西沃德海边也有宿营地。海峡和雪山旁边的宿营地，风景相当有魅力。不过，我们因为被基奈的阴冷天气吓怕了，没有去看更冷的冰山。也好，留个小遗憾，让我们下次有借口带上弟弟再来这里玩一次。

西沃德港口对面的街道上主要是卖纪念品和户外用品的店铺，还有各具特色的旅馆和餐馆。沿街有很多旅行社，其中很热门的是专门带游客出海捕鱼的小旅游公司。这些公司还在门口贴出照片集，大晒此前带客人外出钓鱼的好成绩。很多来钓鱼的游客都想钓到这里的大比目鱼。听说倒不难钓，有的小朋友都有这个本事呢！

粗粗游览过了西沃德，我们按照计划，要向阿拉斯加最闪亮的景点丹那利国家公园进发了。我们开车北上，经过了安克雷奇，在塔尔基特纳（Talkeetna）安营扎寨。我们安顿好已经快晚上9点半了，阿拉斯加不落的太阳依然灿烂地照耀在头顶。这里的空气特别清新，有淡淡的香木味道。我们快快在车上做了晚饭，吃好后，在鸟语花香的营地附近散步到11点半才上车睡觉。

我和Leo在塔尔基特纳的RV Park宿营地

千年未变的丹那利 〉〉〉

我们奔驰在丹那利高速公路上，这条公路绵延近百公里。行驶在这条公路上，我觉得自己第一次真正理解了锦绣河山的含义。这是一条没有铺柏油的公路，道路的一边是宽大的河床，河流从山顶流淌下来，唱着歌一路向前；另一边点缀着好些湖泊，湖泊连着山坡，山坡上是连绵不断的苔原类植物，高不过膝。沿路叫不出名字的鲜花四处盛开。细看那路边连绵的群山，发觉山顶都有奶油般的绵绵积雪，在灿烂的阳光照耀下调出了让人无法言表的神奇色彩。这一路，我们看到了无数缤纷的色彩，深黄色、淡粉色、山青色、玫红色，各种颜色交织在一起，像一条精心织成的锦缎。

丹那利公路在设计上颇为人性化。不多的加油站、商店和餐馆使风景纯粹自然。每当有适合拍照的地方出现，公路边就会有一个能够临时停车的观景台，方便游人留影。

我们的大房车开到了丹那利国家公园纪念区，这是个离丹那利国家公园不是很远的休息站。游客通常都会在这里停车，远眺麦金利山（Mt.McKinley）。我们也停了车，在休息站的露台远眺。刚到的时候，最高峰看不全，只露了一半，旁边的一名导游告诉我们："要有点耐心，今天天气好，光照强，应该能看到最高峰。"我们的行程也不紧张，所以打算等。Leo机灵，说，也别干等啊，停车场旁边有一大块空地，陪我打羽毛球吧！我也觉得提议不错，从车上拿了羽毛球

麦金利山露出了它迷人的山顶

拍子和球，陪着Leo打起了羽毛球。Leo羽毛球的水平在此次旅行中进步不少！我们打了快半个小时，突然听那边有人大声嚷嚷：“I can see the top！”我们扔了球拍，赶紧过去看，真的呢，主峰麦金利山的山峰全露出来了。

通常，麦金利山总是会被云彩遮住山顶，半露着白雪皑皑的山腰，要想看到山顶，除了要耐得住性子默默等待，更重要的是运气要好。我们到的那天，天气很好，在我们耐心的等待下，麦金利山终于露出了它迷人的山顶。

美美地观赏过麦金利山后，我们回到高速公路继续行驶，下午时分，终于到了丹那利国家公园。丹那利国家公园位于阿拉斯加山脉的东端，是历史悠久的美国国家公园。20世纪初就开始设立麦金利山国家公园（Mount McKinley National Park），这是以它的主峰麦金利山命名的，也是北美最高的山峰。后来公园的面积一点点增大，并开始

我们在丹那利待了两天，住在这个叫彩虹村的宿营地

增设国际生物圈保护区。现在就面积而言，丹那利成了众多美国国家公园中的大哥大。主峰麦金利山，原名就叫丹那利，这是当地印第安语，是大家伙的意思。

我们先去游客中心报到。要想近距离深入欣赏丹那利国家公园，需要乘坐公园的公共汽车，这也是游玩的唯一办法。大概从20年前开始，丹那利国家公园内就已经不许跑私人汽车了。游客的车（不论是卧车还是房车）都只能停在位于公园大门18英里处的Savage River。这里设有检查站，除了公园用车，其他车辆一概掉头。

我们在公园的游客中心买好了第二天一早8点半出发去参观国家公园的汽车票。游客中心有很丰富的视频和图片资料介绍国家公园。我拉着Leo的手，在那里待了一下午，慢慢地仔细了解这个千年的大公园。很多漂亮的图片告诉我们，这个公园内有着宽广的平原、葱郁的山林、色彩明亮的山峰和纯花岗岩的坡面。由于地形环境的强烈反差，这里也是形色各异的野生动植物的家园。摄影师拍到了很多憨态可掬的当地动物，比如大驯鹿、驼鹿、灰熊。这里虽然气候寒冷，但仍然有650多种能开花的植物，以及难以计数的苔藓、地衣和菌类。

当然，丹那利国家公园的主要特色在于其海拔6200米的麦金利山，是北美的最高峰。其他伴峰，虽然在当地亦属高大宏伟的山体，但与其比较却是相形见绌。除高度突出之外，麦金利山脉的垂直起伏也是惊人的，幅度达5500米。

游客中心有个小影院，专门讲述关于麦金利山的故事。历史上第一次有关麦金利山的记载是在1794年。英国航海家乔治·克安克瓦沿着阿拉斯加海岸线航行时，在北方的水平线上发现了这座“伟大的雪山”，这就是它的最初记录。麦金利山屹立在这片孤独的靠近北极圈的开阔大地上。这里，冬季最冷时低于零下50℃，登山如同在北极探险。麦金利山所处纬度仅低于北极圈几百公里，所以，国家公园内随处可能遭遇严寒侵袭，特别是在猛烈的阿拉斯加暴风雪的肆虐下，风速可超过100英里/小时，而温度则可能跌至零下40℃。正因如此，攀登麦金利山不仅是对高度的挑战，也是对极地气候的探险。很多世界著名的探险家慕名而来，但是结局很多都很惨，很多知名的登山家攀登的脚步都是在这里终结。直到1913年，麦金利峰才被人类征服。今天的挑战仍在继续，每年都有成百上千的登山者试图登上顶峰，他们中的绝大多数人会选择难度较低的东线登山，但只有少数人成功抵达顶点。

第二天一早，我们到了游客中心，准备乘坐公园的公共汽车。从游客中心开到公园深处的Wonder Lake，往返一共要花11个小时。8点半，我们和其他游客一起有序地排队上车。我们大巴的司机叫Dale。Dale开车前对我们提了两点要求：第一，要求我们看到动物后不要发出声音，这样就不会惊着它们，不会影响它们每天正常的生活；第二，再三要求我们绝对不要喂食和接触野生动物。Leo对第二点不理解，他常常拿面包喂小区湖里的小鱼，也喂过鸽子，还拿过小米给小鸡小鸭吃，为什么在这里就不能喂动物了呢？Leo不是很高兴。我告诉他，首先，这些都是野生动物，它们应该有自己找食物的能力，老让人喂，它们自己寻觅食物的本领就会退化。等有了下一代，它们就无法教授自己的小宝宝如何找吃的。而且这里的动物有自己爱吃和能吃的食物，随便拿东西喂它们，如果那些食物不是动物们适合吃的，动物们就会得病，反倒是害了它们。我让他放心，这里有专门的动物专家，研究这里的野生动物是否需要喂养上的帮忙。Leo听完这些，也就不再为野生动物吃饭这事操心了，安安静静坐在靠窗的位置，欣赏窗外的美景。

我们的司机Dale边开车边介绍公园，也讲他自己的故事。他有两份职业，按季节变化而变化。每到天气暖和，公园开放的时候，他就来这里开车做司机和讲解员；每到9月份公园关门了，他就回大城市安克雷奇，当软件工程师。这样的生活他已经过了11年，仍然没有厌倦，而且相当享受这样往返于城市和自然的生活，既能在都市看尽繁

快乐的Leo在丹那利

我们的大巴和我们的司机Dale

华，也能和大自然长时间做零距离的亲近。

在路途中设有好几个休息站，都是在风景绝美的地方。到站之前，Dale会给我们介绍景点，并告知下车一些必看的美景。通常下车游玩15分钟～30分钟。我们一车的游客，都长枪短炮地扛着摄影器材出动。在公园里游览，我们发现这里的植物都不高。最高大的植物柏树也就3米～4米。原来这么靠北的公园，许多地区是永久冻土区，只有表面很薄的土层能够生长植物，所以树木都不会太高。

人们到丹那利国家公园的另一个主要目的就是看野生动物。Dale告诉我们，目前在公园内已发现的动物有39种哺乳动物、167种鸟类、10种鱼、1种两栖动物。Leo大声用英文问，有蛇没有？Leo挺怕蛇，因为老听说蛇能咬死人。Dale说，蛇在这里倒是没有，原因是冻土太过寒冷，没有一种爬行类动物适合这里的恶劣环境。

在这里，人们不时可以遇到灰熊、麋鹿、牦牛、驯鹿、卷角羊等野生动物。公园司机都是最好的动物发现者，他们整天在路上跑，熟知动物的样子和经常出没的地段，通常都是第一个发现远方的野生动物。还没有开多久，Dale就停了车，小声地指点我们观察路边的树丛。Leo眼尖，一眼就看到好东西了，立马指给我看，树丛里有三头驯鹿在吃草。Dale一再提醒我们不要惊着它们，不要说话，不要喂食。

车开到山里，我们看到了熊，而且是两只大熊和两只小熊。Leo说，嘿，是熊妈妈、熊爸爸带着两个熊宝宝！两只小熊很淘气，一直在打架嬉戏，在地上滚来滚去。Dale说，在山里的熊不是很幸福，它们只能找浆果吃，不像阿拉斯加南部海岸的熊，它们在那里还能吃到鱼。Leo点评说："吃素的熊！"

这是其中一只憨憨的熊宝宝，它完全不知不远处的我们此刻对它无尽的关注，仍然旁若无人地玩耍着

我们还看到了在觅食的麋鹿。Dale把车子停在一边，让我们观看。虽然麋鹿在扭转头的时候还是看到了我们，呆在那里好几秒钟，不过没有被吓跑，而是继续悠闲地吃着草，还不停地好奇地看向我们的车子，还有车子里的我们。我们满车的相机不停地咔嚓着，但是这

并不影响它的好胃口。

悠闲吃草的麋鹿

Leo在路途中遇到了一位来阿拉斯加参加夏令营的小朋友，两个人一起玩得不错。我们的车在Wonder Lake停了一大段时间。我们下车看湖，后来上车的，除了游客，还有无数没有买票的蚊子。他们两个人在车上一起拍打硕大的蚊子，比赛看谁打得多。

Leo和来阿拉斯加参加夏令营的小朋友

千年不变的丹那利

进山后的两天多，天气特别好，阳光普照。每天丹那利的最高峰都扒开云雾，俯瞰大地，我们真是足足饱览了两天的美景。连绵不断的壮丽冰川、蜿蜒曲折的晶莹溪流、绚丽耀眼的阳光、憨态可掬的野生动物……上帝之手创造的种种天然纯净之物汇聚于此。

现在的丹那利和千年前的丹那利没有太多的改变，我们站在广阔的山间，仿佛穿越时空，和千年前的古人并肩欣赏着同样的大自然美景。

费尔班克斯淘金记 〉〉〉

在离开丹那利国家公园后，我们开往了阿拉斯加的费尔班克斯。这是阿拉斯加的第二大城市，也是阿拉斯加最北端的城市和欣赏极光的最佳地点。据说在这里，一年中有200多天可以看到绚烂的极光。（我们这次有点遗憾，没有看到。）

当年，当阿拉斯加成为美国领土后，这片曾经荒凉的土地涌入了2万多人，他们都抱着淘金的梦想，在此处安家立业。这个曾经的"不毛之地"蕴藏着丰富的地下宝藏：石油、金、铜、铂、银等，特别是北极地区石油和天然气储量极大。此外，太平洋东北部暖流使阿拉斯加南部沿海峡湾岛屿成为世界著名渔场，盛产三文鱼和大比目鱼。从当年的黄金热，到后来发现"黑金"（石油）；从世界著名的渔场，到旅游胜地，这片以每英亩仅2美分买来的土地成了一个聚宝盆，这是美国人没有想到的意外幸运。

如今的费尔班克斯喧闹不再，但凭借独特的自然景观和地理位置以及便利的交通成为一个颇受欢迎的度假地点。这里现在还是贸易和交通中心，拥有海陆军基地，阿拉斯加大学也坐落在此。这里可玩的很多，可以乘坐老式游艇了解百年前的淘金历史，乘雪橇体验阿拉斯加的独有风情，或在星光和极光交相辉映的夜空下泡泡温泉，都是极为难得的极地体验。在众多的旅游活动中，对Leo吸引力最大的莫过于淘金。

Leo和班车司机Jack

小哥哥从小对挣钱“想入非非”，当然也知道没有付出就没有收获的道理。现在有这样一个让他付出些许劳动，就能淘到金子的活动，着实让小哥哥兴奋雀跃了好久。那天一早，Leo早早起床，催着我快点出发去金矿。

Jack是旅游公司派来接我们去埃尔拉多黄金矿山（Eldorado Gold Mine）的班车司机。Jack除了是个安全驾驶的司机，还是个很有趣、很尽职的好导游，沿途给我们讲了很多费尔班克斯的历史和故事。Leo超级喜欢他的大胡子，也很好奇，Jack如何能吃东西不弄脏胡须。

这天Jack要接的游客不多，只有几个人，所以我们的行程就相对自由些。因为时间宽裕，Jack还顺便带着我们逛了逛费尔班克斯的市中心。这里有很多餐馆和酒吧，它们中的许多仍然保留着当年淘金年代的装潢，据说有的酒吧连酿的啤酒也仍是昔日的配方。我们到得

费尔班克斯市中心广场的石碑

早，餐馆和酒吧都还没有营业，只能透过酒馆的窗户往里看，不禁想象昔日淘金者结束了一天的辛苦劳作后，聚在一个个小酒馆，围在火炉旁，一边畅饮啤酒，一边感伤当天的命运。

市中心有个小广场，竖着块石碑，上面刻着极简单的几句话，道出了费尔班克斯的历史：

Captain E.T. Barnette a passenger on the riverboat Layelle Young debarked near this site on August 26, 1901 and established a trading post which in 1902 became known as Fairbanks.

（Barnette船长于1901年8月26日在此附近登陆并建立了贸易站，1902年命名为费尔班克斯。）

不过，小哥哥对参观市中心一点儿也不感兴趣。他的心中只有金子金子。他认为，在市中心转悠，浪费了他淘金赚大钱的时间，所以很生气。

我们总算是到了淘金地。Leo终于喜笑颜开。

埃尔拉多黄金矿山是昔日的金矿改造成的采金博物馆，现任矿主利用这里的资源开发了旅游业，从参观金矿，到讲解淘金历史、工具、流程，一直到真人示范，再到来访者自己动手淘金，让人体验当年的淘金热潮，还提供各种礼品。聪明的矿主如此这般地让游客享受淘金的乐趣，同时也用招揽游客得来的“金子”来维持这座金山。

我们坐着小火车深入矿山。火车在林木间穿行深入。我们置身山中，我感觉有些恍惚，不知现在身处何处，也不知目的地在哪里。Leo问我：“我们是不是要下矿啊？”小家伙真把自己变身成淘金工人，以为自己正行进在下矿的路上呢！

小火车继续“咣当咣当”着向矿区里行驶，解说员在车头喋喋不休地讲述着当年矿工的悲惨生活、超负荷的体力劳动以及这里恶劣的工作环境和气候。突然，前方出现一个山洞，我们进了山洞，眼前一片漆黑。山洞的空气很潮湿，“啪”的一声，岩壁边的一盏油灯亮了，火苗在灯罩里摇曳。这和我们去过的迪士尼主题公园一些稍稍有点吓人的游玩项目有点相似。Leo的小手紧紧拽着我，好像有点害怕啊。我努力打量着周围的环境，这里仿佛一个未建完的隧道，从地上到洞顶都是粗糙的岩石，仔细看会发现在某些岩石的表面有闪烁的金色光泽。山洞的地上铺着木质的轨道，一直通向洞的深处，轨道上停着一辆木质的小货车，里面是开采下来的石料，也许其中的某一块就有金子！这场景好像当年某个极为平凡的采矿瞬间被定格了百年，也像极了夺宝奇兵的一幕。

我们一整车游客来到金矿

我们乘坐的小火车离开山洞，沿着古老的轨道，继续开向未知的目的地，15分钟后，我们到达目的地。一整车的游客受到了金矿全体员工的热烈欢迎。是啊，我们可不是从四面八方纷纷赶来，急赤白咧地跳着喊着自愿被他们“淘金”了吗？！

金矿的米歇尔大妈带着几个当地的年轻人，热情地欢迎了我们，然后开始教授我们如何淘金。Leo听得非常认真，就怕听漏关键点，耽误他淘金。

米歇尔大妈告诉我们，不是所有的山都适合淘金。淘金是“靠山吃山”的活儿，再努力，再辛苦，没有守着含金量高的金山，也是白搭。埃尔拉多金矿是个高产的大矿。除了开辟了一部分给我们旅游者

米歇尔大妈在讲解如何淘金

试试身手，这里还真的有矿厂。冬天，工人们在山洞里把矿石一车车挖好堆着，等天气暖和了，再把矿石从山洞拉出来就着水慢慢淘。

我们接着被领到一个巨大的淘金设备面前，设备大部分为木质，敲下来的矿石被传送带送到这里的高处堆放，就像两片木板夹着一个巨大的石子堆。石子堆的开口处，或者叫闸门处，有一块木板拦着，闸口连着一个阶梯状的水渠，大约有四级，每一级和前一级的落差越来越小。我们分坐在水渠两边的条凳上，等着观摩“老矿工”如何开采。等待的工夫，挖土机挖了一大堆的矿石，经过一个大水泵的冲洗，巨大的石头被冲掉，剩下了土和小石块，好宝贝就藏在里面。米歇尔大妈的助手、帅哥Ethan挖出一些交给米歇尔，让她示范我们如何淘金。大妈开始淘金。在我看来，会淘米就会淘金。米歇尔端着淘金用的小铁盆子，不停地来回筛，看到大的小的石子就扔，到最后剩下更多的是土和沙粒，再筛，再加水抖抖冲冲。是不是和淘

大妈在淘金

米的过程很像？Leo听得极其认真，生怕漏了什么细节。我很满意，挺好，Leo这下不仅仅学了淘金，也会了淘米，回家干家务也能用上了。

大妈淘啊淘，往外泼出了三四回石子，突然大家的眼睛都直了，盆里出现了好大一块金子！有颗大蚕豆那么大呢！Leo看得“哇哇”地欢呼。大妈很淡定，把金子很随意地搁在了一边，然后继续不停地淘、洗、冲。慢慢地，随着盆里的东西越来越少，盆底开始出现了星星点点的闪烁金光，随着水波纹的荡漾，真是晃眼呀！这就是金子的光泽了吧！

Leo看到金灿灿的金子很兴奋，兴奋得都流鼻血了！Leo小声说：“妈妈，如果我能淘到和那个奶奶一样多的金子，这次旅行的费用就能赚回来啦！”我对Leo说：“那你努力啊！”然后，他又冷静地想了想，小声和我嘀咕：“要是每个人都能淘到这么多，这金矿还不亏本啦？”

剩下的讲解大伙儿都听得心不在焉了，恨不得立刻发石子，淘金子！当米歇尔大妈说“接下来请从那个门进入淘金大厅”的时候，话音还没落，早就财迷心窍的Leo一马当先冲了过去。

淘金大厅就是个大棚子，里面整齐地摆了很多水槽，在水槽边，放了很多桌椅。每个位置上放着一个和刚才米歇尔大妈用的一样的铜盆。我们进门后，一个帅哥给每人发了一个小麻布兜，里面都是小石子儿，还有一个塑料黑色空胶卷盒。这个空胶卷盒子方便我们最后把淘出来的金子装入其中带走留念。我们大家拿着石子，端着铜盆，分坐在水槽的周边，埋着头，挽起袖子，端着铜盆，哗啦啦地将石子往盆里一倒，舀上一瓢池中水，立即开始了淘金生涯。

看到金子流鼻血的Leo

小家伙一不怕苦，二不怕累，不停地淘啊，筛啊，极其认真，全神贯注。不过，还真不好淘，Leo按照大妈的指导，顺时针方向转啊转啊，转一阵泼一次水和石子。忙活了好久，盆里还是一堆普通的灰白色的小石子，一点儿微小的金光都没有，难道最后它们会变金子吗？我想，给我们发的应该是一包已经经过处理的沙土，大块的金子早就被淘

Leo在全神贯注地淘金

揣着淘金梦的人可不少，看看这儿，坐了一屋子来自世界各地的人

走了，这只是淘剩下来的，让我们再淘一遍罢了。

不过Leo挺机灵，觉得是自己淘金的技术不到家，就去找金矿的工作人员求助。有个很养眼的小姐姐很乐意帮助Leo，接过Leo的盆，耐心地筛，不停地往外泼石子，没多久，盆都快见底了。我看着Leo的脸，小家伙的眉头都揪起来了。不过，过了一会儿，小姐姐把盆递给Leo，Leo的眼睛亮了。哇！见到盆底闪烁的小金光了。Leo向小姐姐谢了又谢。我看着Leo，他像葛朗台转世一般，深情地注视着无比可爱的金子。接着，出师的Leo拿过我的盆，模仿小姐姐的动作，一下，两下，不停地晃，不停地往外泼石子。

Jack很喜欢Leo，这时过来帮忙指导，手把手地教Leo。Leo也很虚心，淘金技术又有进步。随着石子越来越少，金粒子越来越清晰了，黄澄澄的光泽在眼前闪烁。

最后，淘金顺利完成。不过，金子实在不太多。Leo小心翼翼地把金粒子挑进胶卷盒子里，盖上盖子。虽然没有淘到大颗金子，可这是Leo头一回自己辛苦劳动的成果，而且是真金子！收获还是很不错的。

淘出来的金子放在小盒子里，叮叮当当特别动听。我们把盒子拿到店里称重量。接下来是最振奋人心的时刻啦！我们一共淘到了价值36美金的金子。多吗？是不少，可是我们一点儿没赚到。淘金这个活动项目两个人的花费可是120美金啊。

称金子的柜台

Leo成功学会了淘金

北极小镇探访圣诞老人 〉〉〉

圣诞节是西方最热闹的节日，小朋友们都期盼着圣诞老人能在平安夜送来自己喜爱的礼物。Leo哥哥也不例外，而且一直相信有圣诞老人。在这次阿拉斯加的旅途中，我给了Leo一个惊喜，带他去了圣诞老人家。

圣诞老人的家坐落在一个叫North Pole的小镇，翻译成中文就是北极镇。小镇在费尔班克斯附近，只有10平方公里，1700多人口。虽然号称“北极镇”，其实它离地球真正的北极点还有2700多公里，

街道上的圣诞装扮

甚至未到北极圈。这个小镇不光名字很炫，更出名的是，“圣诞老人”在这里安家。作为圣诞老人的家乡，这里到处都充满了圣诞节的气氛。

置身在小镇的大街小巷，犹如来到了缤纷的童话世界。这里有着十分经典的两种颜色：红和绿。到处都是和圣诞相关的装扮，彩旗上写满了节日的祝福，连路灯都用圣诞节专用的棒棒糖装扮。Leo好兴奋，同时更羡慕住在这里的人们，“这里一年四季都是圣诞节，大人小孩天天过节，多幸福啊”！

去圣诞老人家的路很好找。我们进了小镇，车开了没多久，就发现很多街名都和圣诞节有关，比如Snowman LN、SantaClaus LN，我们猜想圣诞老人的家应该很近了。果然，没多久，我们就到了圣诞

来，一起看看圣诞老人的家和停车场上的充气圣诞老人

老人的家门口。在停车场，有个欢迎我们的充气圣诞老人，很高的个子，乐呵呵的。圣诞老人的家地方挺大，有几个小天窗，白色外墙上面布满了和圣诞故事有关的彩绘。听说每年9月底10月初，当第一场雪降临北极镇的时候，圣诞老人的家就会张灯结彩，打扮得像圣诞卡片一样漂亮。

一进圣诞老人的家门，迎面就看到对面墙上好大的圣诞倒计时器。我们去的那天，离圣诞节还有169天7小时23分钟26.2秒，算得好精确。

走进圣诞老人的家，热情好客的服务员（基本都是大婶）向我们问好。她们都穿戴着圣诞节的服饰，大红大绿的，好像童话人物一样。不过，说实话，圣诞老人家其实有点让我失望，商业化的气息太

圣诞倒计时器

圣诞老人在给小朋友打电话

浓了。这里其实更应该被称为圣诞纪念品商店。只不过呢，纪念品上都打着North Pole圣诞老人老家的印记，多少比在普通商场买的其他圣诞节装饰品有意义些。Leo哥哥有个大发现，他看纪念品的时候，发现好多纪念品的底部都贴着“Made In China”的贴纸。Leo说：“啊？圣诞老人从中国进的货啊？”

被漂亮的圣诞树和“圣诞老人”吸引着，我们驻足观赏了好久，然后感觉Leo拉我，催我，说“赶紧去找真的圣诞老人吧”。我们似乎听到圣诞老人的声音了。好浑厚的男低音，真的是和电影里圣诞老人的声音一样呢。我们循声而去，哇，真的圣诞老人在打电话呢！他正在给一个得州的小妹妹打电话：“Be a good kid，I will come and visit you this Christmas. Tell me what you want the most... oh，I am sure I will bring that gift to you as long as you keep being good.”

圣诞老人每天的业务都很繁忙，总有不少小朋友想要听他的教

门口的大棵诞树有2.5米高，上面挂满了各色装饰品，招招摇摇地欢迎我们

欢迎我们的“圣诞老人”

诲，和他聊天。圣诞老人的电话一个接一个，但他总是那么的和颜悦色，教育小朋友们都是那么语重心长。

轮到Leo和圣诞老人零距离接触了。圣诞老人问Leo几岁了，从哪里来。Leo对圣诞老人十分尊敬，有问有答。听说Leo从北京来，圣诞老人很夸张地表示吃惊，说："Wow！ You are from China！"Leo很有礼貌地要求："Can I take a photo with you？"圣诞老人很配合地说："Of course，young man. Hop onto my lap now！"Leo答应圣诞老人他会很乖，圣诞老人承诺，Leo会得到一份very nice的圣诞礼物。

每年的12月份，这个小镇的邮局可忙了。来自世界各地的小朋友的信件都会飞来这里。信件的内容不外乎告诉圣诞老人，自己这一年有多乖，然后开出自己想要的圣诞节礼物清单。收到小朋友们的信件

Leo和圣诞老人合影

后，圣诞老人的顾问团会给其中一部分小朋友回信，当然是以圣诞老人的名义和口吻回复的。

在圣诞老人家里还可以为乖宝宝们准备一份很特殊、很有意义的圣诞礼物，这样礼物只有这里才有，那就是带有圣诞老人亲笔签名的节日问候信件。除了一般的圣诞节问候信件，这里还有套装可买。如果购买14.99美元的圣诞老人信件套装，可以得到以下丰富的礼品：

- 圣诞老人专门写给好孩子的节日问候信，盖有圣诞老人邮局邮戳；
- 圣诞老人的照片；
- 圣诞老人的好孩子贴纸（good list member）；
- 圣诞老人专有的限量版美元；

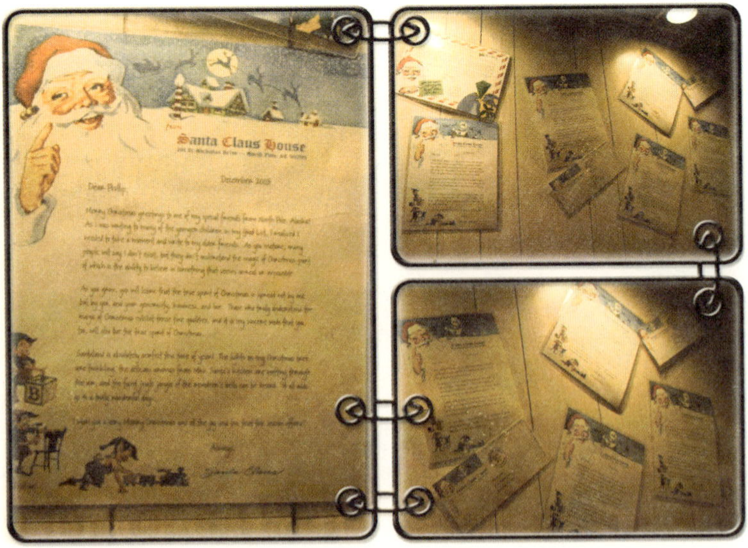

墙上的圣诞老人信件样品

耶稣出生的场景

最吸引眼球的是一份地契，合法拥有北极1平方英尺的土地。那个听话的好孩子可以从小当个小地主，地皮是在令人神往的圣诞老人的老家哦！

圣诞节是耶稣诞生日，宗教意义很大，所以，圣诞老人家通向二楼的楼梯口有一块地方，布置成耶稣出生那天的场景，神圣地讲述着那天的故事。

圣诞老人家的墙上还张贴着这么一块牌子，写着“Santa whispered，‘Teach the children the true meaning of Christmas’”，中文意思是“圣诞老人悄悄告诉你‘圣诞节的真正意义’”。看来，圣诞老人不想小朋友们在这个节日只是傻玩，更想让他们都知道圣诞节的星星、圣诞树、铃铛、蜡烛、花环的意义。

第三章

海岛游

推荐旅行地点之希腊

希腊旅行建议

提到希腊，除了让人想到西方文明的源头，古代的哲人、城邦与神话，更会让人想到阳光下的爱琴海，那干净的让人难忘的蓝色和白色。也正是这两种颜色，构成了希腊的国旗的颜色。

最佳旅游时间

适合去希腊的旅游季节以春、秋两季为最佳，大概从5月开始到9月结束。希腊属于地中海气候，这段时间，较为干旱，几乎天天晴，基本不会下雨。气温从5月的最高20℃到七八月的30℃左右。

7～8月是旅游的旺季，游客急速增多，尤其是岛上，酒店和机票都需要提前预订。个人推荐5月和9月去希腊旅游，天气不冷也不热，而且正好避开了夏天的旅游高峰。

除了春、秋两季，其他时间也可以去希腊旅游，但是，记得12月到次年2月这段时间，部分季节性的小餐馆会停业。因为天气原因，渡船也会随之减少或调整。

自由行VS旅游团

欧洲的旅游业非常发达，希腊也不例外。在希腊，虽然官方语言不是英语，但很多当地人能说简单的英文，所以，会说英文在简单交流上没有太大问题。但对于英文不是很好的爸爸妈妈来说，带着孩子出门，语言不通，会比较麻烦，所以还是建议跟团。

跟团游希腊的好处还有几个：游玩及住宿安排不用操心；玩的过程中有导游，可以边玩边了解和希腊文化历史相关的很多知识；跟团旅游价格相对也不太贵。

但是，如果语言没有问题，又想要更多自由度，比如被圣托里尼岛的美景着实迷住了，想多待几天；再比如你特别想多尝试一些希腊美食，那你可以免去好多顿不是太吸引人的集体“团餐”的安排。

跟团游还是自助游，主要还是看个人和家庭的需求。适合自己的就是最好的！

不能错过的希腊美景

在希腊这个神奇古老的国度，岛屿和内陆风景各有特色，你可以看到人类文化的璀璨，了解奥林匹克精神的源头，看到世界上最美丽的日出和日落，还有最壮阔的海景。

来希腊一定不能错过爱琴海的迷人风景。这里有蔚蓝的天空和海洋，白色的屋顶，洁白的沙滩……每一位来这里游玩的游客都会深深地爱上这里，特别是夕阳西下时的景色，更是让人沉醉！爱琴海之上有很多的岛屿，每一个岛屿都有属于自己的独特风景。如果你想去欣赏爱琴海美丽风景的话，那么推荐圣托里尼、米克诺斯、克里特等几个岛屿给你和孩子。这几个惬意的小岛浪漫、悠闲自在，还有很多故事，你和孩子一定会喜欢。

除了不容错过的爱琴海和周围的岛屿，雅典还有很多历史古迹，比如雅典卫城、宪法广场、帕特农神庙、普拉卡、奥林匹亚宙斯神殿。

带着孩子去希腊吧！在那里，可以拥有难得的散漫日子和悠闲时光。

希腊旅游注意事项

希腊比中国慢了6个小时，夏令的时候（每年3~10月），比中国慢5个小时。

希腊货币通用欧元。

希腊酒店入住时间通常是下午14:00，退房时间是中午12:00，超时需要加费用。

希腊的电源为220V，但电源插座和中国不同，出行时需要准备转换器。

在希腊，餐馆、咖啡厅、旅馆、出租车及船舶的费用里一般含有服务费，可以不付小费。不过，为了表达你对服务质量的特别满意，可以给10%~15%的小费。

希腊人举止高雅，并有许多讲究。他们不使用招手和摆手的动作，认为这是蔑视人的一种行为，手离对方的脸越近则侮辱性越强。他们还认为久久地凝视别人是不怀好意的表现。当众打喷嚏和用手帕擦鼻涕更是他们十分忌讳的。

一般来说，希腊人在社交场合与客人相见时以握手为礼。希腊人在路上与他人相遇时，即便素不相识，也会向对方问候，以示友好。如果道路狭窄，他们总是让对方先行，尤其是对外国人。

希腊人以面食为主，有时也吃米饭。他们喜欢吃牛肉和羊肉，常吃蔬菜有番茄、土豆等。希腊人的晚餐开始得很晚，在雅典城里晚饭一般在10点以后才开始。

希腊人忌讳13和星期五，认为它们是不吉祥的，他们不喜欢黑色，也不喜欢猫，尤其厌恶黑猫。到希腊人家中做客，忌过分赞赏某件东西。

希腊9天行程推荐 〉〉〉

时间	大致行程安排	在哪里住
Day1	到达希腊，休息，倒时差。	雅典
Day2	起个早，带着宝贝去逛逛雅典古城。每天早上9点半左右，在雅典宪法广场有卫兵换岗。士兵们换岗的时候，夸张的军步会让你和孩子忍俊不禁的。 看完士兵换岗，可以去奥林匹克运动场转转。 午餐后，游览联合国世界遗产、雅典地标性建筑——雅典卫城，这里的拱门、雅典娜胜利神殿以及帕特农神庙，还有宙斯神殿，都是千年前的历史文明。 晚餐后，可以去普拉卡旧城区，感受最原汁原味的希腊雅典的当地文化。还可以去淘一淘希腊特色的首饰，或是在街边的咖啡店悠闲地喝一杯当地的特浓咖啡福拉贝。	雅典
Day3	早起，坐车去伯罗奔尼撒半岛。参观连接伊奥尼亚海和爱琴海的科林斯运河。漫步迈锡尼古迹。 傍晚时分回到雅典，早点休息，准备第二天一早去感受爱琴海的魅力。	雅典
Day4	早上，可以坐船或者飞机来到令人倾倒的圣托里尼岛。如果坐飞机，可以俯瞰圣托里尼岛的海湾，把悬崖上的白墙蓝顶屋舍尽收眼底。如果坐船，在爱琴海上乘风破浪的感觉也会让你和孩子难忘。 下午抵达圣托里尼，可以去小岛著名的伊亚小镇，悠闲地逛逛特色小店，然后坐在咖啡店或者餐厅的室外桌子前，面对大海，观赏世间最美丽的落日。	圣托里尼

永不歇息的米克诺斯岛 〉〉〉

2007年9月底，我要去希腊开会，刚好那段时间我们的好朋友、北京的邻居、希腊夫妇Angie和Kostas带着他们的儿子Nicholas要回希腊探亲。趁着这样的好机会，我和Leo在Angie一家的指导与陪伴下，好好地在爱琴海周围度了个假。

Angie和Kostas带着我们入住了比雷埃夫斯（Piraeus）港口边的酒店。我们希腊行最向往的是去位于爱琴海的小岛，必须在这里坐船出海，所以住在港口旁会很方便。

Leo和Nicholas

我、Leo和Angie一家

Leo和Nicholas这两个在北京顺义从小一起长大的发小，这次相会在爱琴海边，特别高兴。他俩又蹦又跳地在比雷埃夫斯港口边嬉戏打闹着。对于小哥儿俩而言，无论是北京天安门、朝阳公园、水立方，杭州西湖，又或是现在希腊雅典的街头，用中文、英文、希腊语夹杂着交流，只要能在一起，似乎就拥有了无穷无尽的快乐。

Angie的外祖父60年前在港口边开了个面包铺子，后来传给了Angie的妈妈。怪不得老太太来北京时常自己烤面包，而且会做多种口味，每一种都是松香可口，敢情是老练的活儿，还有着家传的秘方。Angie带着我们去看了祖传老店，她说这间老铺子基本还是老样子，除了十几年前因为客流量突增，铺子里添了个现代的大烤箱，还有每隔几年进行内外墙的粉刷，其他基本不变。这个一层楼的小面包铺子因为是老字号，直到今天还笃笃定定地在港口边原地不动，生意很好，过着风平浪静的日子。

雅典的港口很漂亮，也很干净，很多老建筑都得以很好地保留

按照Angie的建议和安排，到达希腊后的第二天，我们坐船去希腊著名的小岛米克诺斯。这个外号叫4S（Sun，Sand，Sea，Sex）的米克诺斯岛每天都吸引无数世界各地的游客，让无数人在这人间伊甸园肆意享受。希腊有很多传说，相传这个岛是宙斯（Zeus）和提坦族（Titan）发生圣战的地方，提坦巨人战败后，骸骨沉落到爱琴海中，就形成了米克诺斯岛。

那天一早，我们和Angie一大家子——Angie、Kostas和Nicholas，还有Nicholas的外公外婆和奶奶来到了港口。巨大的游轮矗立在港口，藏青和雪白的船身，充满了希腊色彩。我们按时登上了游轮，就等着汽笛一鸣，带着我们去米克诺斯岛了。但是，这次去米克诺斯岛很费周折。爱琴海刮起了不寻常的大风。我们这一大群人7点钟不到就上了船，在船上一直等到中午12点才被通知，海上的大风大浪一天都不会退去，考虑到大家的安全，所有的船都停开了，可以用今天的船票坐明天加开的早班船。我们只好灰溜溜地下船了。

坐在船上等开船的几个小时里，我看到了一群上了年纪的普通希腊人如何在漫长的等待中找乐子。先是五六个老人，拿出带在身边的乐器开始又弹又唱。很快，快乐的圈子从几个老人迅速变成几十人，大家把椅子搬到一起，足足围了两大圈。Leo和Nicholas也去凑热闹，爷爷奶奶们特别喜欢Leo，抱着他，深情地看着他唱了好多动人的希腊歌曲。在欢歌笑语中，无聊的等待变得不是那么的让人冒火，反而像看了一场希腊风情演出。

第二天，我们又是起大早。船倒是开了，可是风浪仍然很大，我带着Leo去甲板看美景。船在海面上前行，身后留下一尾长长的白色浪花，为深蓝色的大海披上一条美丽的白绢。我们偶尔也能看到远处的一些岛屿，岛上大多有住宅，墙壁是清一色的白，远远看着，特别的干净。中午时分，我们总算到了小岛。酒店是Angie帮我们订的，这是他们每次来米克诺斯度假都会住的地方。酒店不在小镇上，而是处在小镇外的山坡上，可以俯视海湾，远眺对面的小岛。我们办好了入住手续，拿了钥匙去房间。推开房间，居然是小复式，卧室在楼上，楼下有很宽敞的客厅。这下好了，两个淘气的小男孩有足够的室内场

在船上，Leo好不容易安静下来的瞬间

我最喜欢的一张照片，和Leo一起坐在岛上普通民宅的台阶上，白的纯粹，蓝的浪漫

地疯狂了。打开窗，就能看见典型的白墙蓝格点缀着小岛。门外还有个超大的露台，除了休闲桌椅，还有躺椅，可以让我们坐着躺着，尽情地欣赏辽阔的海湾。这份与世隔绝的宁静让我们一下子就着了迷。

我们在船上颠簸了半天，吹了海风，所以都先洗了澡。因为着急看岛上的美景，我连头发都没有吹干就跑出去走街串巷了。

在Angie和Kostas的带领下，我们漫步在小岛。眼前的一切，跟我在书中看到的一样——到处都可以看到蓝蓝的天和蓝蓝的海。小岛上随处都有八角梅，成片成片地长在白墙上，不同的颜色，但都是那么的艳丽。不禁要赞叹希腊人会搭配颜色——雪白、湛蓝、桃红，多么干净、鲜亮、浓郁的地中海风格。我们随着游人钻进了小岛上的小巷。走在窄小的民宅街道，每隔几个民宅或商店就会遇上一间小教堂，数不胜数。相传小教堂是当地人为报答神明保佑他们的丈夫、儿子出海捕鱼或经商后，安然归岛而建立的。

小巷的两边都是岛上的寻常人家，但是每一家都很入画，经典的蓝色木头栏杆、窗棂，配着白色的砖墙和台阶，各色的鲜花摆放在阳台或是家门口。透过美丽的色彩可以看到小岛上人们愉快的生活态度。Angie说，其实小镇很小，速度快些，20分钟就可以穿城而过。不过，没有人这么急急忙忙地奔来奔去，游人们被散发着爱琴海气息的小巷吸引着，在迷宫一样的小巷子转来转去，悠闲逛着店，时间仿佛一下子慢了下来。岛上的小巷子错综复杂，我们除了惊叹拥有绚丽色彩的房屋，更在设计精美的手工艺品商店流连忘返。这里的岛民不光有乐观的生活态度，在他们的天性中，还有很多的创意和激情。我和Angie淘到了很多宝贝，从项链到明信片。

转出小巷，我们来到了临海的小威尼斯广场。这里有许多餐馆和咖啡屋，逛累了的人们通常坐在露天的小桌子边悠闲地喝上一杯咖啡，看着大海，看着身边的万种风情，还可以静静地聆听眼前海浪轻拍海岸的声音。

晚餐时分，我们去了Angie最喜欢的餐厅——岛上有名的Nikos餐厅。Angie告诉我，这里除了东西很好吃，运气好的时候，还会有鹈鹕（俗称“大嘴鸟”）光顾，这是米克诺斯岛的“吉祥鸟”。Angie很好命，每次在这里用餐都会看到大嘴鸟。我们点了各种和当地海鲜有关的菜肴，还要了希腊沙拉。在我们大快朵颐时，大嘴鸟来了。它虽然是鸟，但在小街上，还是很守规矩地摇摇晃晃地走着，嘴里不时发出点叫声，仿佛在提醒大伙儿它的驾到。我们看到店家给它们喂了鱼，也有客人直接从自己的盘子里拿了些吃的丢在地上，让大嘴鸟吃。大嘴鸟吃了后，便大摇大摆地离开了。

Leo和Nicholas都特别的兴奋，丢了刀叉，下了桌，跟着大嘴鸟到处逛。当个“随从”也就罢了，俩人还特别大声地笑，不停地喊大嘴鸟：“big bird！big bird！”这下好了，大嘴鸟好像有点被吵烦了，回过头来，朝着两个小淘气走去，步伐还加快了。Leo机灵地退到了一边，但是可怜的Nicholas愣愣地站在原地。大嘴鸟倒是没有去咬他，不过冲着Nicholas大声吆喝了一嗓子，Nicholas立马就被吓哭了。大嘴鸟也没做停留，大摇大摆着扭身又走了。我们都上去安慰大哭着的Nicholas，Leo却继续跟在大嘴鸟的屁股后面四下转悠，居然还进了一家糕点铺子。卖蛋糕的人给大嘴鸟扔了一小块蛋糕，大嘴鸟不吃，昂着头走了。Leo扭脸对我说，妈妈我也要。好吧，掏钱买好蛋糕，给了Leo。就这会工夫，大嘴鸟已经走到巷子深处了。我们带着蛋糕回到餐厅，已经不哭的Nicholas正坐在饭桌边找Leo呢。我拿出蛋糕，小哥儿俩一边分享蛋糕，一边商量一会去看海鸥。

吃完饭，我们喝咖啡的时候，Nicholas的外婆外公和奶奶带着两个小淘气去了离我们很近的海边看海鸥。我喝着喷香的咖啡，听着海浪拍岸的声音，和Angie聊着希腊美景。我被无与伦比的爱琴海落日给迷得神魂颠倒，托着咖啡杯，抬头看着海边的天空，一整片都在夕阳中变了颜色，这片紫红色，那片橘红色，把天空下的小岛都染上了颜色。然后，我就呆呆地看着那么圆、那么大、那么红的夕阳，一点点一点点地落到地平线下。这样的美景，一生都不会忘记。太阳下山

女人和孩子们在米克诺斯岛夕阳下的海边

后，天色就黑了，不过小岛上的夜生活不用担心，随随便便就能玩个通宵达旦。尽管睡觉实在是一种浪费，可我们带着孩子还是在永不歇息的米克诺斯岛的夜色中听着窗外的海涛声睡熟了。

第二天一早，Nicholas就来敲门（早起的Morning call啊）。我们一起去了餐厅，尝试了地道的希腊早餐。Leo和Nicholas吃得很不错，因为大人们都说，吃得不好就不去海滩了。

早餐完毕，Angie说，最近游客多，如果下午去海滩，人就太多了，不如上午去吧。我们没有意见，一同去了海边。米克诺斯岛上有许多有名的海滩，比如天堂海滩、帕拉加海滩、超级天堂海滩等。我们去了天堂海滩。天气很好，有点风拂过，空气是透亮的，爱琴海的阳光暖洋洋地照在我们身上。这里的海滩并不大，但沙质很好，水质

两个人的丰盛早餐

快乐的我们

也不错，四周非常干净，不奢华，淳朴得带点儿原始。因为是早上去的，所以没有什么人。找了有太阳伞的躺椅，我和Angie躺着看大海，聊天，看孩子们在海里玩儿。躺在躺椅上，眼前就是爱琴海纯净亮丽的海水、蓝色的天空，还有小岛上层层叠叠、精致典雅的白色房子。这一切把这个港湾衬托得宁静而美好。

那时的我还在IT职场，为着事业整天忙忙碌碌。我躺在沙滩边，和闺蜜聊着锦衣美食，看着孩子在水里嬉戏，伴着浪漫到极致的风情，彻底地体验了一次慵懒到极致的悠闲。

我们离开海滩，Angie带着我们去近距离看米克诺斯岛最经典的风景——海港风车和白色教堂。

海港风车位于米克诺斯岛的半山。在这里，风车和天空完美地结合在一起，弥漫着浪漫气息。这些茅草顶的风车是米克诺斯的标志，以前有6个，现在只剩5个，最早是为了战争年代支援前线提供军粮，作为磨面动力出现的。现在虽然它们早已不再磨面，但是频频出现在希腊明信片上，已名声在外。

看过风车，我们尽情地俯瞰了整个小岛的美景。爱琴海上的海鸥不时会飞过来，在我们头顶盘旋。漫步在风车四周，呼吸着不一样的空气，我们的心也自由得像风一样了。工作上的琐琐碎碎，都被我抛到了深海里。

接着我们步行去码头，在码头处向左转有一座纯白的教堂，就是帕拉波尔蒂阿尼教堂，意思是边门圣母。这座纯白的教堂也是米克诺斯岛的标志，也是在希腊的明信片中最常出现的教堂。这是拜占庭式教堂的瑰宝，由五座独立的礼拜堂集合而成，一大堆的白色建筑体看起来像盐山一样，造型十分独特。无论是阳光灿烂还是阴云密布，在大海和海鸥的映衬之下，帕拉波尔蒂阿尼教堂都是爱琴海上最美妙绝伦的画面。它的白特别纯净，不加任何一抹色彩，面对着它的时候，觉得灵魂被深深地震撼，就算静静地守立在它的面前，心灵都得到了净化。昨天穿街走巷，就看到了不少教堂。Leo从Nicholas外婆那里得知，这个小小的岛上竟然有365座教堂。希腊人大都有信仰，向往圣洁的天堂。这里的人遇到了难办的事，就会走入教堂，除了希望能得到神灵的保佑，也可以获得平静和安然。

天堂岛圣托里尼 ›››

我们在米克诺斯岛和Angie一家待了两天，然后Angie一家回雅典，我带着Leo坐船去了圣托里尼岛。在去之前，Angie就为我们订好了酒店Villa Irini Studio Apartment。这是公寓式酒店，Angie家每次去圣托里尼岛必住。酒店的地理位置很好，能看到最棒的风景，旅游旺季常常订不到房。更值得一提的是，这是圣托里尼岛特有的建在悬崖边的洞穴房。整个房间就像是个大山洞，里面冬暖夏凉。

我们在的时候是夏天，晚上连空调都不用，十分凉爽。这里每一个房间都面朝大海。酒店外墙是纯白色的，这白色从外墙一直延伸进房间：床也是同样质地同样白色的硬砖做的，但是躺在上面，却一点

露台美景

我们只需要坐在阳台上，就能奢侈地拥有世界上最美的日落、最壮阔的海景，实在是太美好了

儿也感觉不到冷，睡着挺舒服。屋外的私人露台超级大，坐在露台上可以看到蓝色的大海。

带着孩子海外旅行，我总是挑有厨房的酒店，这样尝够了当地的饭店，也可以自己做好吃的。自从大学毕业后去美国读书，我就被迫下厨自己动手做饭。好在越做越爱做，越吃越爱吃。在海外，我最爱干的就是和当地人一样去当地的超市或菜场，买当地的食材和调味料，自己当厨娘。Villa Irini的房间最棒的是打开厨房的窗，跳入眼帘的就是窗外那海蓝蓝的一片。我可以让阳光洒在身上，一边做饭一边欣赏美景。我们在岛上住了5天，酒店太棒了，坐在阳台上，圣托里尼的经典美景就能一览无余。圣托里尼岛是爱琴海最璀璨的一颗明珠，柏拉图笔下的自由之地。在这迷人的岛上，我们每天在外玩到下午

4点回酒店，然后我做饭，Leo在面朝大海的大阳台上玩或是看书。等我把饭做好了，我们坐在阳台的桌子上，就着黄昏的美景，开瓶葡萄酒，然后吃吃喝喝，看着太阳一点点地消失于地平线。

圣托里尼岛由三个小岛组成，其中两个岛有人居住，另外一个岛是沉睡的火山岛。在这里，有着厚重的乡土气息，小街、白屋、教堂、沙滩、悬崖、火山岛、日落，各有各的看点。经过Angie的指点，我们选择了几个景点去了解小岛的异域风情。

第一个景点是火山岛。圣托里尼的火山是活火山，历史上曾经多次喷发。公元前1500年的喷发最为剧烈，不但毁灭了岛上的灿烂文明，还使圣托里尼岛中心部分全部陷落，从此一分为二成为两个岛，也因此形成了今天的峭壁景观。1956年时的火山喷发则摧毁了菲拉（Fira）和伊亚（Oia）的大部分建筑，我们现在能看到的建筑基本都是此后重建的。虽然在阳台上就能看到出名的火山，但我们还是决定

Leo的大鬼脸

坐船登上火山岛。我们提前一天去了菲拉小镇，在那里找了一家旅行社，报了去火山岛一日游。

第二天一早，我们先坐着缆车下到海边的港口。去火山岛要坐船，我们因此去了码头。在等船的时候，和Leo拍照，小东西从来都是可爱的扮相，即便是个大鬼脸。

我们坐着一条很是漂亮的海盗船到达了火山岛。沿途的海景很是美丽，但是走近了看火山岛，觉得它不像是一座岛，更像是一个大煤矿。岛上到处是火山喷发后留下的黑黑的石头，走路很硌脚。Leo把小手递给我，我们手拉着手，小心翼翼地走着。这里基本没有平整的路，脚下都是大大小小的石头，而且又干又热。走了一段路，实在感觉是耗体力，如铁人三项比赛一般。

岛上的路实在是不好走，我是第一个打退堂鼓的，然后鼓动Leo放弃了登顶的念头，踏踏实实地找个地方拍拍照，远眺一下海景，把吃的拿出来吃了一会儿，坐等大部队回来。

享受拍照的我

等大家从火山顶回来，问了问一位美国人的观后感，她安慰我们说，没有错过太多，在山顶往四处看是很壮观，不过，也就是看的角度不同，收入眼底的东西仍旧是我们环望四周都能瞧见的。返回到船上后，Leo在甲板上站了一会儿，然后指着海水说：“妈妈，这里的水是绿色的呢！”还真是，港口翡翠绿的海水和外面爱琴海蔚蓝的海水形成了强烈的反差。

游船驶离火山岛，开往了当地一个人口稀少的海边小村庄。在茅草搭的凉棚下，我们吃了当地人做的希腊海鲜，价格倒不是很贵，可惜味道一般。不过，Leo只要是吃海鲜都很起劲儿，所以大口大口吃完了自己的那份不算，还把我盘子里的都扫光了。吃饱了以后，我们把脚泡在海水里，晒着太阳，优哉着差点儿睡着。之后，我们又去了伊亚镇。伊亚镇日落很美，我们坐在山头，静静看日落。同看的还有很多别的游客，以及带我们上山的驴。

在岛上的最后一天，我带着Leo坐着公共汽车去了当地一处有名

在海边懒洋洋的一天

的黑沙滩——卡玛里（Kamari）海滩。公共汽车票大概一两欧元一位，车上没有太多人，很多空位置。Leo坐在了窗边，车子沿着海边开，我们一路看了很多美景。车到站后，我们下车，一眼看去绿化得很好，路边各种小店林立，靠近大海这一边是餐馆和咖啡馆的露天座椅。我给Leo买了套在手臂上的救生圈，然后就向海边走去。卡玛里沙滩是黑色火山石海滩，海边的石头很多，光着脚踩上去会感觉到疼，所以，拖鞋是不能离脚的。我下水游了游，感到这里的爱琴海海水很咸。我们没有长时间地在水里，近岸边的水里有比较硬的小石头，Leo一不小心就碰疼了，只好从水里上来，在岸边玩。

Leo不游泳了，就拿着石头在海滩上写字，写的是学校里教的英文字母。我躺在沙滩遮阳伞下的躺椅上，点了饮料，还有炸薯片、炸鱿鱼，就这样从早上躺到了下午，懒洋洋了一天，拍了无数漂亮的照片。

我们在这自由自在的天堂，优哉游哉地看着日出日落，时刻都满心的欢喜。在岛上的每一天每一刻，我们都感悟着这世界的美好。和圣托里尼岛分别的时候，我对这个风情万种的岛屿多了份伤感式的依恋。

西方文明的摇篮雅典 〉〉〉

希腊是西方文明的发源地，雅典是希腊文化的摇篮。在雅典，有很多神话故事，很多千年古建筑，很多名垂千古的大师——苏格拉底、柏拉图、亚里士多德。在这个错落有致的城市，散步其中，随处都有历史可以看。

我们最先探访了始建于公元前580年的雅典卫城。卫城是雅典的中心，整个雅典城就是围绕卫城一圈圈往外建设的。从雅典的任何地方都可以看到卫城，登上卫城也可以俯瞰整个雅典城。

卫城在著名的阿克罗波利斯山，我们坐车到了山下。山下的一面是一片平民住宅，向海的一面峭壁陡立。山上最为人所熟知的是帕特农神庙、雅典娜神庙、卫城入口、卫城博物馆，从山下就能看到山上的古迹。我们下了车，往山上走。5岁的Leo很棒，小小年纪，不要我抱，紧跟着我从山的西侧拾级而上，一步步地上了山。

帕特农神庙是希腊全盛时期建筑与雕刻的代表作。它始建于公元前447年，那时雅典人刚刚率领希腊众城邦击败了波斯军队，爱琴海沿岸近200个城邦每年争相为雅典献上金银财宝——这也成为修建帕特农神庙的重要资金来源。帕特农神庙完全用白色大理石砌成，显示雅典人对其城邦的保护神——雅典娜女神的尊崇。雅典娜是神庙供奉的城邦守护神。神庙还体现了雅典民主制的萌芽。在神庙内有一幅巨型壁画，描述了雅典人庆祝节日的盛况，其含义是"所有雅典人的节

神圣的帕特农神庙

日”，表明修建神庙的决定来源于城邦所有公民的直接投票。另外，当年的工程预算和开支都被刻在石头上，供城邦公民监督。神庙建成7年后，雅典和斯巴达城邦发生战争，很多雅典人包括伯里克利都在一场瘟疫中丧命。公元前404年，雅典被斯巴达攻陷，短暂的民主时期结束，此后的雅典再也没有创造出如此辉煌之作。

罗马和基督教兴起后，帕特农神庙被改为教堂；奥斯曼帝国吞并希腊后，神庙又被改成清真寺。后来在和威尼斯人的战争中，奥斯曼人将帕特农神庙作为火药储存库。神庙随着政治和信仰的斗争，不断地进行着功能的变迁。这个过程中，大量珍贵浮雕被涂抹或毁掉。更为不幸的是，交战中一颗炮弹落入神庙，将神庙中部彻底炸毁。

19世纪初，英国贵族埃尔金以拯救卫城艺术品为名，将神庙的大批珍品运回英国。这些藏品至今散落在大英博物馆、卢浮宫以及哥本哈根等地。曾经辉煌的帕特农神庙今天留在希腊雅典的只有一座石柱林立的外壳，即便如此，它仍是奉献给雅典娜女神的礼物，仍改变不了它作为“希腊国宝”的地位。尽管今天的神庙矗立在一堆乱石和荒草中，但是它依然颇有气度；尽管有些地方只剩下了残骸，仍可想见当年那不可亵渎的神圣。

我们到的时候，正逢希腊政府大兴土木对卫城进行修缮。希腊人采用的是部分修缮，就是根据遗迹对部分进行复原，比如根据房子的基础，复原出房子的一个角，让游客感觉到当时的辉煌，比较直观和有趣味性。神庙后面的脚手架多多少少让它失去了些许的风采。神庙周围有一些在台阶上休息的当地人在歌唱，我们听着那悠扬的歌声，抚摸着有千年历史的石头，就好像是在与一位先人做着心灵的交流。Leo说：“这里到底有多少神话故事，有多少神啊？”我环顾四周，只能告诉他：“无数。”在这个神话与现实已经分不清的城市，随便一块

我和Leo在雅典街头

石头就见证了不止千年的兴衰，都有想要诉说的故事。

从卫城下来，我们去参观了希腊考古博物馆，这里面收藏着希腊各地出土的各个时期价值极高的文物。相比埃及国家博物馆，这个博物馆的环境气氛相当的舒适，一点儿没有阴森恐怖感。当身心沉浸在那些古物中时，我畅想着那个远古的时代，感悟着古希腊人的神思。

其实，整个希腊就是一个大博物馆，因为在大街上走着走着随时能看到残存的古迹。为了2004年的奥运会，雅典花巨款做了城市整改，雅典的街头美景比比皆是。加上希腊人骨子里天生就有的浪漫气质，大街陋巷里，随处可见装修简单又优雅的咖啡馆或是小饭店。雅典人“慢生活”的节奏随时随地地感染着我们。

我带Leo去宪法广场（Sintagma Square），观看有名的卫兵换岗仪式。该仪式每半小时一次，我们有幸看到了12点整的一场，更幸运的是，看到了真的好帅的希腊士兵！大热的天，每个士兵都从头到脚全副武装，虽然冒汗，但是每一个动作仍然做得很到位。Leo看完希腊士兵换岗后，也雄赳赳气昂昂地学着走步敬礼。

Leo学希腊士兵敬礼

我们离开希腊回国的前一天，Angie一家请我们去了他们在雅典郊外海边的别墅，这里是他们全家

Leo和Nicholas
在海边

夏天度假的地方。Angie是个易于满足、很能宅得住的恬静希腊美女。她喜欢悠闲地过着自家的慢生活。Angie一家待人都相当的真诚热情。在花园里石头砌成的大壁炉里，Angie的爸爸为我们烤了全羊，Angie的妈妈和婆婆热情地准备了好多好多好吃的希腊菜，Kostas还从地下室的冰窖里拿出了用自己家的葡萄酿成的美酒。Nicholas把家里所有的玩具都搬出来和Leo分享。我们被Angie一家的款待和美酒的醇香包围着，都快要醉了。

吃饱喝足后，我们带着孩子去海边玩儿。Leo和Nicholas迫不及待地脱了衣服在海边玩水。我和Angie睡在躺椅上。面对这蓝色的地中海，晒着太阳，我俩琢磨的是，回北京后如何继续一起吃喝玩乐。

凝望着晶莹剔透的爱琴海，抬头欣赏着蔚蓝清透的天空，我脑海中再次闪过那阅尽古今的卫城，还有那白墙蓝顶的教堂。我带着Leo在这个充满神话、爱情、文明、自然的国度，沉醉于空气中的浪漫，回味着诸神的神话，感受着奥林匹克的精神。短短10天的希腊旅行，将希腊几千年历史的繁华与沧桑，点滴浸入我们的人生。

推荐旅行地点之夏威夷

夏威夷旅行建议

在美国，你能看到你想看的一切，美食美人、繁华都市、田园乡村、自然奇观、广袤佳景，这片土地有多大，它带给你的奇遇和惊喜就有多大。但，我不得不说，在美国，有两个最特别的旅游胜地，一个是阿拉斯加，另一个就是夏威夷。它们会带给你其他地方无法给你的惊喜和震撼。

夏威夷最佳旅游时间

夏威夷是地球上最宜人的度假胜地，全年气候宜人，海洋温度则终年温暖。来自不同方位的风将岛屿的温度及湿度保持在理想的状态。如果你喜欢干爽及阳光充沛的地方，可选择每个岛屿顺风处。

夏威夷的旅游旺季

夏威夷也有四季之分，但是它的旅游旺季和淡季不是以气候来划分的。夏威夷的旅游旺季一个是冬季，从12月中旬至次年3月份；另一个是夏季，这是家庭旅行的最好时间。

如果你在12月中旬至次年4月中旬的“高峰期”前往夏威夷，这时的机票和住宿往往是比较昂贵的，而且得提早预订。

4月的最后一周和5月的第一周是瓦胡岛（Oahu）威基基

（Waikiki）海滩最为忙碌的一段时间，因为这段时间是日本的“黄金周”假期，很多日本游客来此度假。

相对而言，淡季是春秋两季，游客较少，但是性价比较高。其实，去夏威夷最好的时间是在4月、5月、9月和10月。在这几个月，你可以做一次较为经济的旅行。

自驾游VS旅行团

在夏威夷旅游，可以自驾也可以参加旅游团。旅游团的选择会有很多。不过，带着孩子，为了玩得更自由、更悠闲，个人建议自驾游。

不能错过的夏威夷旅游点滴

夏威夷岛屿很多，比较大的岛屿就有8个。建议不用每个岛都去，去几个比较经典著名的就好。

有些家庭会带着孩子通过假期游遍美国几大旅游胜地，这样预留给夏威夷的时间不会很多。个人建议，夏威夷毕竟不在美国本土，来一趟不太容易，所以建议至少玩上两个岛屿，一定要去的是瓦胡岛，另外一个可以是茂宜岛（Maui）。如果还有富余的时间，那么也可以去夏威夷大岛（Hawaii’s Big Island）转转。

如果你在夏威夷的假期是5天以下，那么建议玩一个岛（也就是瓦胡岛），如果有7～10天的时间，那么就可以考虑玩两个岛。

夏威夷的首府檀香山（Honolulu）就在瓦胡岛上。到达夏威夷的所有国际航班均降落在这个岛上。在这里，右手是摩登都市，左手是自然天堂。旅游业在这里非常发达成熟，孩子可以玩的项目也非常丰富。

带着孩子在瓦胡岛下了飞机，就有好多好玩的：泡在威基基的海滩边，玩水或是玩沙子；坐潜水艇深入惊奇神秘的海底世界；欣赏美丽的庄园风景，童话般的甘蔗小火车会带着小朋友去探访清凉甜蜜的菠萝世界。

另外一个特别值得去的岛是茂宜岛。在这里，除了下海，还有很多好玩的，比如在哈雷阿卡拉国家公园（Haleakala National Park）漫步云端，欣赏宛如月球的地貌；拉着小朋友的小手，在拉海纳镇（Lahaina）上闲逛，探访古迹，感受这座独特古镇的悠闲慢节奏；哈纳公路（Hana）自架，沿途可以停车上山徒步探险，看海听瀑布，尽情畅享一路的无限风光。

时间再多个一两天，建议去夏威夷大岛，逛逛科纳古镇，瞻仰一下库克船长以及他当年的登陆地——凯阿拉凯库亚海湾州立历史公园。这里的火山国家公园长年不断奇幻的烟雾和喷涌的岩浆，会让你和孩子久久地震撼。还有个有趣的建议，只要小朋友不太困，建议晚上带着他前往冒纳凯亚雪山，抬头仰望星光灿烂的夜空。

夏威夷值得来很多次。你不见得必须带着孩子一次逛遍所有好玩的地方。来日方长，按照你的假期时间，尽量悠闲游哉地在这里度假，千万不要赶景点。在这里，慢悠悠、放轻松地和孩子下海上山、看日出日落才是正道。

夏威夷10天行程推荐 〉〉〉

日期	大致行程安排	在哪里住
Day1	到达夏威夷檀香山，提车，入住酒店，休息，倒时差。建议入住威基基海边的酒店，可以充分享受檀香山左边大海、右边都市的人间美景。	檀香山
Day2	带着时差，可能会醒来得早，建议干脆早起带着孩子去登钻石山，远眺夏威夷美景。 火奴鲁鲁动物园位于钻石山脚下，爬完山，建议带着孩子逛动物园。动物园还特别设立了儿童园，专门放一些温顺的小动物，如羊羔、小鸡、小马等让小朋友抚摸接触。 午餐以后，可能孩子和你都会有些时差上头，建议去威基基海滩。如果有精力、有兴趣，下海游泳，否则就在海滩上晒太阳，过个悠闲慵懒的下午。 傍晚，推荐去瓦胡岛日落晚餐游轮（Sunset Buffet Dinner Cruise）欣赏日落，品尝美食。通常游轮晚餐的时间是17:30～20:15，建议上网提前预订。	檀香山
Day3	早餐后，带着孩子去威基基水族馆（Waikiki Aquarium）。水族馆里有很多活动，大多需要在网上提前预订，网址是http：//www.waquarium.org/。 午餐后，去著名的珍珠港，参观檀香山“亚利桑那”号纪念馆（USS Arizona Memorial）。纪念馆参观免费，但需排队领票，建议早领参观券。7:30～15:00pm发放入场券。	檀香山

Day4	早起，去瓦胡岛古兰尼牧场（Kualoa Ranch）。 古兰尼牧场是瓦胡岛上最为知名的观光景点之一，《侏罗纪公园》《哥斯拉》《风语者》都曾在这里拍摄。 中午，在牧场的餐厅用餐，也可以事先准备些好吃的，带着孩子在牧场的草地上野餐。 离开古兰尼牧场之后，去体验一下瓦胡岛高级潜水艇海底观光吧，时间大约1个半小时，提早网上预约。推荐网站： http：//gohawaii.about.com http：//www.partner.viator.com http：//www.viator.com http：//www.discoverhawaiitours.com 傍晚，建议再去威基基海滩，可以下水，也可以坐在海边，欣赏夕阳西下。	檀香山
Day5	坐早班飞机前往茂宜岛，中午时分到达，提车，入住茂宜岛的酒店。 酒店建议选在以下3个景点附近： Makena海滩附近。这里的海景酒店性价比高，非常舒适。 卡阿纳帕利沙滩（Kaanapali Beach）是茂宜岛的代名词，也是夏威夷第一个人工景区，曾被命名为美国最好的海滩。 拉海纳（Lahaina）附近的酒店有些旧，但是可以逛古镇，镇上的美食也很多。 入住酒店后，去古镇拉海纳吃个午餐，然后下午在古镇逛逛，可以看到各色独特的古建筑。 逛完古镇，建议带着孩子回到酒店的海边，享受茂宜岛的蓝天、白云、沙滩。	茂宜岛

Day6	早起，开车前往哈雷阿卡拉火山国家公园。哈雷阿卡拉在夏威夷语里是“太阳之屋”的意思，它是世界上最大的休眠火山。从海岸线到哈雷阿卡拉火山口的60公里车程，自然风景和植被丰富多彩，自驾一次就相当于经历了从阿拉斯加到墨西哥的气候带变化，这也是火山国家公园的魅力所在。 公园的大门口在海拔3000米处，公园全年每天24小时开放。每天开放时间是7:30～15:30。山顶有两个停车场。山上温度低，常年在5℃～16℃之间，衣服要穿够了。因为要爬山，所以一定要穿适合走路的鞋子。游客中心吃的东西很一般，建议早餐吃饱，或者带些吃的上山。盘山路比较窄，开车一定要小心。 从哈雷阿卡拉火山下来的途中，可以游览一下玛卡瓦欧（Makawao）。它位于哈雷阿卡拉火山坡的中段。这个迷人的小镇曾经被评为美国25大艺术旅游胜地之一。	茂宜岛
Day7	早起，吃早饭，然后带着孩子开始一整天的哈纳公路自驾游。哈纳公路贯穿茂宜岛北部海岸，被视为世界上风景最优美的公路之一，全长约84公里，共有大约600个弯道，经过54座桥梁。每一处弯道都能看到壮阔的海景、黑沙的海滩、奔流的瀑布，还有绵延数里的落叶乔木。沿途还有很多地方可供游客照相取景。 在伊甸园可以停下车，去看看《侏罗纪公园》的拍摄地。 虽然有些路段比较湿滑，但全程坡度不大，家用车型都可以应对。 沿路有些地方道路狭窄，没有明确的分隔线，需要错车，弯路一定要减速慢行。 这条路的弯道很多，如果孩子容易晕车，提早做好预防措施。	茂宜岛
Day8	昨天的哈纳公路自驾一定玩得很累，今天就睡到自然醒吧。白天可以自由安排。	茂宜岛

Day9	早起，坐飞机回到檀香山。 下午逛逛街。推荐以下购物场所： 阿拉莫阿那购物中心。购物中心拥有290家店铺和餐馆，是世界上最大的露天商场，夏威夷最大的豪华精品店集中地。购物中心还包含四家大型百货商店，分别是梅西百货（Macy's）、西尔斯百货（Sears）、内曼马可斯百货（Neiman Marcus）和诺德斯特龙百货（Nordstrom）。购物中心距最著名的威基基海滩只有数分钟车程，步行也不过15分钟，无论地理位置还是商场规模都可以算是夏威夷群岛的购物首选地。 营业时间9:30～21:00，周日10:00～19:00。 DFS店。这是前往夏威夷旅游的游客必去的购物地。建筑造型超酷。各类奢侈品牌和名牌化妆品汇集于平面铺开的三个楼层，应有尽有。	檀香山
Day10	离开夏威夷，搭乘回国航班。	

可爱岛
檀香山（火奴鲁鲁）
瓦胡岛
摩洛凯岛
拉奈岛
茂宜岛
夏威夷大岛

又见檀香山 >>>

2009年4月2日一早，我们乘坐美国西北航空公司的航班，在东京成田国际机场转机后前往美国檀香山“火奴鲁鲁”。

拿好大大小小的行李差不多已经是上午9点半，然后我们去取事先租好的车。取车很顺利，随后按照GPS的指点，我们向着预先订好的复兴酒店（Renew Hotel）进发。订这家酒店是因为性价比还算高，虽然海景房间不多，但是如果运气好能订上的话，比旁边的万豪（Marriot）、希尔顿（Hilton）等酒店要便宜30%。酒店位于檀香山最有名的威基基海滩，从酒店房间出来，徒步到海边晒太阳，只用5分钟。

在去酒店的途中，我们为接下来在檀香山的两天生活备了货。我们去的是在夏威夷挺受欢迎的当地超市Safeway Supermarket。我们买了瓶装水，还有水果。Leo按照自己的喜好挑了很多零食，但结账的时候，被我否定了很多，最后被认可的只有开心果。不过，在国内很少能吃上零食的Leo也算是知足，拿着那包开心果满意得眉开眼笑。

早上九十点钟，檀香山居然也有点堵车。不过我们的GPS还算管用，没有走弯路就到了酒店。酒店新装修不久，挺时尚。我办入住手续的时候，Leo的时差上来了，在大厅的沙发上坐得东倒西歪的。我提醒他，坚持，坚持，马上进了房间再睡！Leo很勉强地撑着。拿到了房间钥匙，已经很困的Leo拖着他自己的红色米老鼠行李箱跌跌撞撞地紧跟着我上了电梯。打开房门，扑面而来的是能看到大海的大床房。虽然房间不大，但是床很舒适，配套也很全，装修风格很现代。

Leo太困了，放好东西，就趴在沙发上不能动了。一看表，才上午11点多，我打算一起先睡一小会儿。带着小朋友外出玩，可不能勉强，Leo如果这个时候不小睡一下，那么让他玩什么都是浪费时间，还会弄得大人小孩都不痛快。等我先醒来的时候，已经是下午1点多。为了更好地倒时差，我把Leo叫了起来。开始Leo不干，还趴在床上嚷嚷。但是我一说“下去游泳不”，小东西就全清醒了，自己开箱找自己的泳裤和泳镜，飞快地给自己抹了点防晒霜，就等在门口要下楼了。简单吃了点东西，我们直奔马路对面的威基基海滩。Leo很是兴奋，蹦跳着到了海边，边蹦还边乐：“太好了，一到就能玩喽！”

檀香山的威基基附近购物很方便，主街道两边有很多商店，特别是街边的连锁店ABC，里面除了卖饮料、糖果、小吃，还专门卖海滨游玩相关的各类物品，从沙滩拖鞋到游泳衣，从救生圈到漂浮床，从

Leo追着海鸥，玩着沙子，看着海景，相当快乐

防晒霜到太阳帽，你能想到的在海边玩乐所需要的东西，这里都能买到，十分方便。我们买了两张沙滩席，这样可以舒服干净地躺在海边晒太阳。我还是有点怕晒过了，所以没有勇气像那些外国妞腌咸鱼般地趴在太阳下暴晒。我比较保守地找了个有椰树遮阳的好地方，戴着墨镜，用大太阳帽遮着脸，开始享受日光浴。我还没有躺下，Leo就着急忙慌地脱了上衣，光着上身冲进了海里。最开始的时候，Leo在近岸边的地方游泳。到底刚下飞机没多久，他很快就游不动了，上岸在沙滩上徒手刨沙子玩。后来Leo看见好几只好脾气的海鸥，不怕人地在沙滩上大着胆子大摇大摆地晒太阳。Leo就跟前跟后地追着玩。海鸥总在快被Leo追上之前展翅低飞，脱离Leo的小魔爪。

得意的Leo自己扛着漂浮床

后来我给Leo买了个水上漂浮床，Leo一个人起劲儿地在近沙滩的水里抓着漂浮床玩，让我得到好长时间的安宁。我迷迷糊糊地躺在柔软的沙滩上，晒着太阳，呼吸着湿润的带着些许咸味的空气，就这样，无所事事、懒洋洋地一直待到了夕阳西下。

太平洋上的人间乐园瓦胡岛 〉〉〉

有许多赞美夏威夷的词句，“太平洋上的明珠”“度假天堂”……瓦胡岛是整个夏威夷群岛中最繁华的地方，也是通常人们所说去夏威夷玩所指的地方。听说过瓦胡岛名的人也许不多，但是如果说起岛上的檀香山、珍珠港，应该说是无人不知无人不晓了。所有去夏威夷玩的人都会去瓦胡岛，因为檀香山国际机场在这里。这次行程的头三天，我们就待在了瓦胡岛。

瓦胡岛是座令人惊艳的美丽岛屿，四周遍布铺满白沙的海滩，更有高耸的火山坐落于岛上，而介于火山与海洋之间的，则是太平洋上

著名的钻石山就在我们身后

的人间乐园。

威基基海滩这个景点是不用多说的，它是那么的出名，那么的吸引人。也许它不算是世界上最美的海滩，但美景加上热闹的商业，论繁华程度，如果威基基海滩称第二，没哪个敢称第一。我们的酒店在威基基海滩边上，到达的第一天，我们就扛住时差，在海边泡了半天。后来在瓦胡岛的几天，每天都在威基基海边开来开去，没少远近皆有地欣赏它的美丽。

到达第二天主要是调整时差和休闲。因为第三天要去打高尔夫，而Leo没有背他的球包来，所以我们打算去买少儿高尔夫球具。

夏威夷真是一个购物天堂！从名牌到地摊货，应有尽有。在威基基海滩旁短短的一段路，你可以找到所有的一线国际大牌，而且款式新，价格比国内便宜好多。在名品店里面购物的人多数是亚洲人，很多销售人员都是日本人。除了日本人爱买，中国游客也不甘落后。所以，跟上时代的脚步，名牌店里都有几位会说中文的销售人员。

在阿拉莫阿那短暂玩耍的Leo

给Leo挑高尔夫球具，我们先去了Sports Authority。这是美国相当有名的连锁体育用品商店。在那里，Leo在耐心的服务员的帮助下，买到了一套适合他的球具。然后我们去了夏威夷的奥特莱斯（Outlets）。美国全境有40家奥特莱斯，在夏威夷仅此一家。夏威夷的奥特莱斯位于瓦胡岛的Waipahu镇，离檀香山市约35分钟车程。自驾车是最方便的交通方式。和以往去过的洛杉矶、纽约的奥特莱斯相比，夏威夷这一家规模中等，有些著名品牌店没有，但各类商品都还是有的，很实用。

从奥特莱斯往回开，路上经过了阿拉莫阿那海滩（Ala Moana Beach）。这个海滩因为周围都是珊瑚礁，所以看着风平浪静，也因此有很多带小孩的家庭来这里游玩。

从阿拉莫阿那海滩离开，天色变暗，到了该吃饭的时候。檀香山有很多亚裔，开了很多有家乡特色的饭店，所以对于爱吃韩餐和日本料理的我们来说，大快朵颐的地方太多了。最终我们在沃尔玛附近找了间门面不大却饭香扑鼻的韩国店解决了晚餐。

Leo找到了一个小珊瑚

在瓦胡岛的最后一天，我们自驾车绕岛游玩，主要的景点是北边的海滩，还有著名的几乎所有人都推荐的波利尼西亚文化中心（Polynesian Culture Center）。美国大陆人度假到威基基，威基基本地人度假都到北部的海滩。我们站在海边，明显地感到这里海边的浪特别大，风也大。相比之下，威基基的风浪算是相当温和的了。不过，这里倒是冲浪的好地方，不少爱好者举着滑板在这里冲杀。

每到一处比较漂亮的海边，我们就会停车，因为Leo要收集贝壳。Leo一跳下汽车，就猫着腰，睁大了眼睛，满沙滩找贝壳。北边沙滩的贝壳很少，不过没有打击Leo寻宝的积极性，小东西发觉贝壳难找之后，自己主动调整，改找小石头、小珊瑚。

开了1个多小时车之后，在我们的右侧海域出现了一顶“乌毡帽”。它是一个小岛，远远看去，形状和绍兴人的乌毡帽非常像，所以当地人给它起名为“Chinaman's Hat”。这顶“帽子”的另一个名字是Mokolii，在夏威夷当地语言中是小小蜥蜴的意思。这个岛很小，据说只有一些椰树和

隔着海，远望“乌毡帽”，把“帽子”戴在了Leo头上

两片小小的海滩。当地人倒是建议，如果时间足够，可以去探探险。我这次带着个小家伙，时间也不充裕，也就作罢了。

我们接着往北开，到波利尼西亚文化中心。但是我们去的那天，文化中心居然是关门的。打听之后才知道，这个中心每星期一到星期六中午12点开门，星期天休息。我们带着时差，有些搞不清日子，才意识到那天是周日。据说这里开放的时候，节目众多，集中展示了周边7个岛屿的风土人情和传统文化。如果时间够，还可以花点钱吃一顿正宗的夏威夷风情的自助餐。到了下午，各村庄还会举行传统文化表演，很精彩。这是个能活色生香地了解很多太平洋岛屿的地理、历史与文化的鲜活的展览中心。

没能进去参观，只有在门口拍照，我有些失望。Leo倒是无所谓，盯着门口的大型波利尼西亚人的雕像看了又看，还学着他们的样子自娱自乐地比画，摆出搞笑的样子留念。

“波利尼西亚人版”Leo

百变Leo

开车继续往北，我们在路边看到了一座很神圣的教堂，好大规模，非常豪华。我们把车开过去，在它的大门口停下。教堂的名字非常长“Laie Hawaii Temple of The Church of Jesus Christ of Latter-day Saints”，但是人们常简称为“Taj Mahal Of The Pacific”。

教堂的外部刚好在装修，所以无法进入教堂内。但是它的花园也非常值得看，在花园里稍坐，内心能感到格外的安静平和。

我们继续往北开，只见随着气温的上升，沙滩上的人也越来越多。Leo开始吵着要下水游玩。开到鲨鱼湾（Shark's Cove）海滩，我们停了车。因为有足够多的停车位，而且有配套的洗手间、冲凉更衣室，所以人真不少。

虽然名字叫鲨鱼湾，其实不必担心游玩会碰到鲨鱼。这片海滩名字的由来主要是因为从上往下俯瞰，海域附近的珊瑚礁好像一条鲨鱼。这里近海岸的地方有很多火山岩，可以不用游到深海，就能在岩石中间的水中看到各种海洋生物，所以吸引了很多潜水的人。

Leo在水中玩了一会儿，开始就着旁边的礁石堆和我捉迷藏。后来天有点阴，小东西觉得有点冷了，就跑到岸边，但还没玩过瘾，又和我玩了一会儿扔飞盘和挖沙子。

疯玩了一会儿，我研究地图发现，这附近还有个好玩的山谷叫威美（Waimea）。介绍说，山谷里有瀑布，有植物园。我让Leo赶紧冲洗，更衣，继续上车赶路。沿着83号公路开了一小会儿，就到了威美瀑布公园。这是一座热带植物公园，坐落在山谷中，除了万种野生植物和飞禽鸟类，还有威美瀑布。在游客中心，我们买了饮料，坐着休息时，竟然看到了闲庭漫步的孔雀。零距离地领略过孔雀的美丽之后，我们往公园里走。小路两边绿树成荫，树不仅特别漂亮，长的也高大。树龄看似都很大了，树冠特别的饱满。渐渐地，我们听到了水声。循声而去，看到白亮的一条瀑布，唱着歌奔流进一汪小小的绿绿的湖中。

从公园出来，太阳已经偏西，我发动汽车打道回酒店。Leo在路上就呼呼地睡着了。这小子，从小就能吃会睡，蕴藏着无比好的精力，每天都是斗志昂扬地和我闯世界。

白亮的瀑布

在高尔夫天堂挥杆 〉〉〉

Leo从4岁开始在高尔夫球练习场挥杆，5岁在新西兰下场，虽然球技一般，但是Leo对此项运动的热情很高涨。所以这次带着Leo，我们在夏威夷的瓦胡岛还有茂宜岛都打了高尔夫，兴致勃勃地感受了在夏威夷这个高尔夫球圣地挥杆的乐趣。

夏威夷是全世界高尔夫球爱好者梦想的天堂。这里不仅有颇多高品质的球场，更因为常温的气候、热情好客的岛民、丰富美味的佳肴，吸引了众多高尔夫球的爱好者。

在瓦胡岛就有40多个风格不同的球场，其中有纯山地球场、锦标赛球场、林克斯球场、度假村球场等。出行前，我们对各类球场逐一研究。Ko'Olau高尔夫球场被誉为美国最具挑战性场地。我们决定挑战自己，到了夏威夷就上网在Ko'Olau高尔夫俱乐部订了一场球。开球时间是中午12点。球场离我们住的酒店不近，开车1个小时左右。所以我们早上9点多吃过美式早餐，就沿着东部海岸，向北开去。

早上天气有点凉，太阳也不是太明媚，我们“坐车观海”了一路。由于风太大，每次到了稍微好些的海景处，刚下车，就被大风吹得没了兴致。加上天阴着，光线一般，所以沿途没有拍太多照片，但是Leo的几张照片还是一如既往的灿烂。

就这样开开停停，中午11点多，我们来到了离高尔夫球场不远的一家汉堡王（Burger King）。吃饱喝足后，我们继续上路，车子按照

GPS的指引，在公路上来了个大拐弯，绕进了两边郁郁葱葱的山谷。我们把车窗打开，立刻，清新的空气，还有花香鸟语，填满了车厢。

快到12点的时候，我们到了Ko'olau高尔夫俱乐部。这间球场曾在1997年被评为夏威夷州排名第二的球场，自然环境好得无法用言语形容。这里空气清新，满眼绿色，我们畅快地做着深呼吸，打开球包开始做准备。

开球前，我们发现球场里随处都有一种红脑袋的小鸟。夏威夷的鸟儿把家搬到了球场里，可能除了这里实在美丽之外，还因为这里有人气，容易找到好吃的。

Ko'Olau具备无懈可击的挥杆条件和世上最令人难忘的风光，美国《高尔夫杂志》将Ko'Olau列入“世界上100个最值得去的高尔夫球场”。球场位于夏威夷Ko'Olau山的北侧，因此山而得名。由于Ko'Olau球场是从热带丛林中掏出来的，球道狭窄，起伏较大，树木茂密，与典型的夏威夷球场不同。这里不在海边，所以风小。又因为在山谷里，所以十分静谧。但是由于球场海拔有600多米，所以抬头总是看到山峰云雾缭绕。天气也多变，一片云彩一场雨。我们打了18洞，居然赶上了两场雨，不过好在是太阳雨，下的时间不长，没多久

球场里红脑袋的小鸟

就停了。

Ko'Olau球场是从山脚下的热带丛林中开辟出来的山地球场。魅力无限的Ko'Olau山天然景观造就了世界上最具挑战力和最激动人心的Ko'Olau球场。前9洞在山间丛林中蜿蜒徘徊，后9洞由山脚迂回而上。球场难度很大，不过对于我这个爱风景多于爱打球的人倒很好，我可以时时刻刻随心所欲地近距离仰视阳刚且英俊挺拔的Ko'Olau山，感受夏威夷山地球场的魅力。周边的群山是黑色火山岩喷发后形成的，山体更挺拔，棱角分明。好几处瀑布仿佛是从蓝天之上流下的

看，专注的Leo

银河，被周围的绿色植被掩映着，很神秘。有几个洞的位置可以看到大海，我们站在崖边，看着那片蔚蓝，享受着太平洋的拂面之风，呆立良久，才再返球场。

Ko’Olau球场的球道设计刁钻，对高尔夫球的飞行轨迹要求极其苛刻。因为贯穿于广阔的热带森林，好多洞都是盲洞，从发球台看不清落球区，根本无法判断果岭位置和布局。每次站在Tee台上，高大树木之间的球道更显狭小，产生莫名的心理压迫感，开球既要有距离，又要精准。好在Leo打球的时候十分认真，而且看得出来，Leo越来越喜欢打。

陪Leo一边潇洒挥杆，一边领略周围群山的俊美，有时享受一场酣畅淋漓的太阳雨的滋润，有时被灿烂的阳光照耀，好一场美妙的打球经历。

Leo爱上小白球

打完18个洞，天快黑了，我们带着愉悦和凯旋的心情返回会所。杆数已经变得不再重要，重要的是：Ko’Olau，一生中最值得挑战的球场，我们来过啦！在奥巴马的故乡，带着可爱的儿子沉浸在零污染的空气里，在浪漫的海滩边，痛快地打高尔夫，这样的甜蜜是一场慢镜头的梦，太多丰富的细节让我们回味无穷。

玩遍小岛茂宜 〉〉〉

在夏威夷度假，游客主要游玩的岛屿有6个：瓦胡岛、茂宜岛、大岛、可爱岛（Kauai）、莫洛凯岛（Molokai）、拉纳岛（Lanai）。每个岛都有自己的特色：瓦胡岛是檀香山的所在地，既能享受城市的舒适，又有大自然的美景；茂宜岛有着无比优美的海岸线和自然风光；大岛是夏威夷群岛中最年轻的岛屿，它不仅仅大而且还在继续长大，岛上有着世界上最活跃的活火山之一；可爱岛以花草植被闻名；

美丽的茂宜岛

茂宜美景

莫洛凯岛最为忠实于夏威夷的传统，整个岛上没有高于椰子树的房子，也没有任何交通灯；拉纳岛被誉为最安静、祥和的地方。在这些岛屿中，除了瓦胡岛，我个人认为最值得去的是茂宜岛。这是夏威夷群岛的第二大岛，也是继瓦胡岛之后的第二旅游热点。茂宜一直被认为是世界上最浪漫和神奇的地方之一。有旅游圣经之称的 *Conde Nast Traveler* 杂志曾组织读者票选，茂宜获“世界上最美的岛屿”称号。

如果将茂宜地图顺时针旋转45度，一个清晰的女性半身像就会出现在眼前。对着地图可以看到，在她颈部后方，是岛上最主要的机场所在地，也是整个岛的中心地带Kaluhui；在Kaluhui的两侧各有一座高大的休眠火山；在她眼睛处是一片绝佳的Kaanapali沙滩；她的鼻子附近是历史悠久的捕鲸小镇拉海纳；在她的前胸位置，是另一片度假胜地——Wailea；在Wailea前方有一个月亮形的小岛——Molokini，这是茂宜最迷人的潜水天堂。

在檀香山待了三天后，我带着Leo乘坐夏威夷航空公司的小客机，仅飞行了半个多小时就到了风景如画的茂宜岛。茂宜岛的美丽，不是赶路人匆匆忙忙能够全部欣赏到的，需要花时间，住下来，慢慢地感受。我们这次优哉游哉地在茂宜岛过了6天。虽然有6天，但也只够让我们感受到茂宜岛一小部分的美好。

茂宜岛由东西两个板块构成，中间靠一段瓶颈状陆地相连。我们订的万豪酒店就在瓶颈处的拉海纳镇。这个古老的捕鲸镇是岛上唯一有各种夜生活的地方。

我们在机场拿好行李，顺利地拿到预先订好的车，往酒店进发。进了酒店房间，我们很满意这间海景房套间，躺在床上就可以看到美丽的海景。阳台也很大，除了可以一览无遗海天一色的美景，趴在阳台栏杆上还可以俯看到花园里的游泳池和热水浴池，在阳台上，我可以吃早餐，喝咖啡，眺望大海，俯瞰在泳池里窜上窜下的小Leo。我最满意的是厨房，超级棒！什么都有！灶具、微波炉、冰箱这些大

酒店房间

件就不用说了，这里还整齐地放着一整套做饭的锅碗瓢盆、大大小小十几个杯子、洗碗液、洗碗布、刀叉、铲子、洗菜盆，只要做饭需要的，都能找到。

在茂宜岛有两片最美丽的海滩：拉海纳海滩和卡阿纳帕利海滩。我们住的酒店就在拉海纳海滩边，所以拉海纳的美景伴随了我们好几天。

拉海纳是个古老的捕鲸港口，今天的它是座丰富的博物馆。漫步在拉海纳街头，仿佛是在观看一座敞开的博物馆，无数历史遗迹，众多购物去处。著名的前街（Front Street）有画廊、艺术品店，还有看得到海景、听得到涛声的餐馆。在前街的路口有一棵神奇的大榕树，大到几乎覆盖了一英亩的土地。这里还有一条叫拉海纳历史的小径

万豪酒店美景

（Lahaina Historic Trail），有许多往日的痕迹——美国水手医院（U.S. Seamen's Hospital）、19世纪50年代关押粗鲁水手们的监狱、拓荒者客栈（Pioneer Inn），还有亚洲常见的寺庙。拉海纳的街边还保留着很多那个时代的老房子，有些房子上刻有房子的生日，粗粗算来，它们中的好多都已有百年历史了。

卡阿纳帕利海滩有绵延3英里的洁白沙滩和清澈透明的海水，它多次被评为美国最美的海滩。今天的卡阿纳帕利海滩是世界上知名的旅游度假胜地，沿着美丽的海滩，是连绵不断的豪华酒店和度假村。这次我们虽然不住这里，但还是花了整整一天泡在这片海滩旁。我带着Leo，不知疲倦地沿着这条整整3英里长的海滩漫步。一边是美丽的海景，另一边是风格各异的海滨度假酒店，身边是形形色色的游人。Leo在卡阿纳帕利海滩边，不是大吃大喝，就是跳到海里游泳，或是在岸边草坪上打滚奔跑，乐开了花。

离我们住的酒店不远，有个郁郁葱葱的山谷，高耸入云的青翠山峰守护着美丽的伊欧山谷州立公园（Lao Valley State Park）。宁静的伊欧山谷州立公园位于茂宜岛中间地带，占地4000英亩（约16平方公里），有10英里（约16公里）长，也是茂宜岛最知名的地标之一。不过，Leo太喜欢酒店的游泳池，我们没有去观赏那里出名的伊欧针形火山锥，也没有在雨林里漫步到山脊顶的观景台去欣赏令人难以置信

万豪酒店还养着火鸟

的山谷美景。不过，以后还有机会，这将是我们下次来茂宜岛的必到之处！

茂宜岛上的公共交通不是很方便，最合适的玩法是自己驾着车东游西逛。在茂宜岛的这6天，我们过得很闲适，有的时候开车出门找乐子，一找一整天；有的时候，一整天都待在酒店里，睡到自然醒，

玩到乐不可支的Leo

悠闲地做早餐，然后享受阳光沙滩。在花园里，Leo下棋、看书、游泳；在沙滩上，Leo奔跑、嬉戏、堆沙子。快乐从太阳东升直到夕阳西下。在这里，从天堂般的海滩到风景如画的自然奇观，美景应有尽有，看都看不完。在这里，愉悦总是时刻伴随着我们，曾经有过的烦恼、悲伤和疲惫，统统被抛到了湛蓝的大海里。

魔幻之岛茂宜除了有细白绵延的沙滩、茂密的雨林、独特的火山公园，有世界上最好的浮潜及潜水地点，还可以在哈雷阿卡拉火山顶观日出，在云海中欣赏火山口。因为Leo年纪小，我觉得让Leo起大早看日出有点折腾，所以就没有去火山。不过，我们没有错过魅力无比的"天堂之路"哈纳公路。哈纳公路位于茂宜岛崎岖不平的东海岸，当地人说它是夏威夷最后一块没有遭到破坏的边疆。美丽的哈纳公路沿途都是迷人的景点，我们穿越茂盛的雨林，和飞流的瀑布擦肩而过，探访倾伏的池潭，远眺壮观的海景。有人数过，哈纳公路有将近600个弯道和54座桥梁。游玩哈纳公路至少要花一整天的时间。因为高速沿山而开，一路又都是狭窄的单车道小桥、U形急转弯，所以不能开太快。再加上沿途无数曼妙的海岛风光，开开停停，来回整整一个白天是最起码的。若想在一天内有充足的时间欣赏美妙风景，一定要尽早起程。不过，即便马不停蹄地开一天看一天，还是会觉得欣赏得不够呢！

因为是山路，Leo在车里坐了一会儿，就被弯弯曲曲、绕来绕去的山路转晕了，才到Garden Of Eden植物园门口，就在车上吐了。我马上让他下车，呼吸了几口清新的新鲜空气后，Leo马上就感觉好多了。Garden Of Eden植物园的名字的意思是伊甸园，步行于其中，真的仿佛置身于伊甸园。这个植物园并不是太大，但依山傍水，美景不

Garden Of Eden

断，还有不少鸟和动物可以看。Leo原本因为晕车而很不舒服，但是看到满地跑的孔雀、鹅和山鸡，开始亢奋，追着它们四处转悠。植物园里有各种热带植物，缤纷的鲜花开了一山坡。站在小山顶上，可以眺望不远处的大海。

玩过了伊甸园植物园，继续往西开，一路是看不够的热带植物加上美丽无比的海山一色。因为有好风景，难开的山路不再枯燥，Leo看着美景也不再晕车难受。我们没有觉得路途漫长，相反都乐在其中。我们开着开着，渐渐领悟到这里为什么命名为Hana。Hana是当地人的语言，意思是“最接近天堂的地方”。想想一路的美景，真是不是天堂，胜似天堂。

哈纳公路的尽头是哈纳镇历史悠久的圣·索菲娅教堂（Saint Sophia Cathedral）教堂。哈纳镇还是值得逛一逛，有很特别的商店Hasegawa General Store和哈纳农场商店（Hana Ranch Store），里面可以看到别具一格的纪念品。在哈纳镇上，有一间历史悠久的茂宜岛哈纳酒店，这是这个村子里有着浓厚夏威夷传统的豪华度假村。如果可以，应该放轻松，在这里住上一个晚上，第二天再返回，再花一天的时间去第二次品味天堂之路的美景。

在茂宜岛的第三天，我们凌晨5点起床去赶6点的船，出海打鱼。我们去的时候是4月份，还属于观鲸季节（每年的12月到次年的5月），在这段时间，数以千计的座头鲸年复一年地迁徙回到茂宜岛温暖的水域。还有一种说法是，冬季是鲸鱼求偶的季节，这段时间的

Leo和孔雀

夏威夷水族馆中的鱼类

雄鲸在寻找伴侣时会通过探出海面来吸引雌鲸的注意力。在船上钓鱼时，我们就看到几条美丽的座头鲸在水中嬉戏，而且顽皮地追随我们的渔船好久。为我们保驾护航的同时，它们还用尾巴拍出无数白色的浪花，向空中喷水柱，好似热烈地欢迎远道而来的我们。

不情不愿起大早的我犯着困居然钓到了2条海鱼。同船的一位叔叔非常喜欢Leo，下船的时候把他钓到的3条海鱼送给了我们。接下来的几天，我们天天喝夏威夷海鱼炖的汤，那真是天下的极品美味啊！至今怀念。

Leo喜欢海洋动物，我又带着他去了茂宜的海洋中心（Maui Ocean Center）。它的另一个名字叫夏威夷水族馆（The Hawaiian Aquarium）。这里是西半球规模最大的热带海洋馆，里面有太平洋海域的各类海洋动物。最值得一提的是，这里保护着濒危动物夏威夷绿海龟，它们的主食是海藻和海草，脂肪呈现绿色，在海龟中是独一无二的。

在水族馆，最吸引眼球的是那条水晶般透明的水下隧道，它提供了240度的视角，人从下面走，抬头或是向两边看，就可以欣赏水底世界的美妙。在这里，各种五彩斑斓的热带鱼在清澈的水中游来游去，各类海洋植物在水里摇曳生姿，还有总是那么慢悠悠的海龟不慌不忙地闲逛。

Leo去了新建的海洋哺乳动物发现中心（Marine Mammal Discovery Center），在讲解员的解说下，Leo兴致勃勃地探索海豚、鲸鱼和僧海豹的奇妙世界。在室外，还有个露天的海龟池（Turtle Lagoon），一群可爱的小朋友围坐池边，看可爱的海龟在水中慢悠悠地游来游去。茂宜海洋中心真是家庭同欢的乐园。

茂宜岛满足了我们对夏威夷的所有想象。不管是它西部的海、南部独有的火山、东部的哈纳公路，还是中部的山谷，每个地方都让我们流连忘返。

第四章

古迹游

推荐旅行地点之埃及

埃及旅行建议

最佳旅行时间

埃及为地中海气候，两季分明，终年阳光灿烂。除6～8月炎热多风，不太适合旅游外，其他时间气候温和，都是去埃及旅游的好时候。12月到次年2月是埃及旅游旺季。

每年10月或11月是埃及斋戒月，要尽量避开此时去埃及旅游。在这一个月里，当地人很多早上5点到晚上5点，不吃食物不喝水，也不允许抽烟，许多商店、公司都停业，饭馆、咖啡馆都关门。这个时候去旅行，或多或少会受到影响。

自驾游VS旅游团

埃及100万平方公里的大地有各种异趣风情，有古老与现代的连接，随处都能遇到意想不到的风景。

有10天时间可以在埃及自驾旅行。自驾线跨越南北，从尼罗河到红海再到地中海，在自由自在中游览埃及全景。

不过呢，如果带着孩子的话，我还是不太建议开车自驾。一是路线可能不太熟悉，语言不通，会不方便。再一个就是埃及交通比较乱，万一遇上状况，不熟悉当地的规则，会很麻烦。

参加旅游团是带着孩子去埃及旅行比较好的选择。我个人带着孩子去英语不是官方语言且是发展中国家的地方，就会选不错的跟团游，这会让我非常省心。埃及的旅行团通常会选择很经典的路线，带你把那些如雷贯耳的名胜古迹看个遍，而且语言不通也不会影响旅行。团队游配有会说当地语言和中文的导游，靠着他们，可以无障碍地交流，而且，导游沿路的解说对孩子来说，是个了解埃及历史文化的好机会。

不能错过的埃及美景

埃及旅游资源十分丰富，名胜古迹星罗棋布，有金字塔、狮身人面像、卢克索神庙、阿斯旺水坝等，令世人神往。此外，还有风光旖旎的尼罗河、国际水道苏伊士运河、阳光明媚与柔沙遍布的西奈半岛和奇妙的红海海底世界。

行前准备注意

埃及虽地处非洲，日平均温度却并不高，因为那里早晚温差非常大。地中海、红海沿岸地区由于受海洋性湿润气候的影响，日温差还不算大，越往南方，离沙漠越近，气候变得越干燥，白天越加炎热，夜晚温度下降越多。因此，在带夏装的同时也要带一些防寒衣物。夏季，游览车、餐厅、饭店均有冷气，室外游览请务必涂抹防晒霜，戴太阳镜。

虽然埃及是个比较开放的旅游国度，埃及人对外国游客也很热情，但必须要注意，在埃及，短、薄、透、露的服装是禁止的，在清真寺穿背心、短裤和超短裙是严禁的。

埃及11天行程推荐 >>>

日期	大致行程安排	在哪里住
Day1	到达埃及开罗，休息，倒时差。	开罗
Day2	这一天好好看看开罗。 参观埃及博物馆，这是世界上古埃及文明最集中的地方，收藏着古埃及文明的极品。参观位于吉萨区的世界七大奇迹之一的金字塔群和金字塔的守护神狮身人面像。 晚上坐夜车前往阿斯旺。在火车上睡一觉，天亮就到阿斯旺了。 开罗的酥嫩全羊香气四溢、酥香可口，十分有名。开罗有不少特色餐馆，可以品尝到许多传统的中东菜肴和其他非中东的特色菜。	开罗开往阿斯旺的火车
Day3	早晨，抵达阿斯旺，可以参观阿斯旺水坝这一人间杰作，并欣赏全世界第二大的人工湖纳赛尔湖的风光。游览著名古迹菲莱神庙。 登上豪华空调船开始尼罗河之旅。之后，游览阿斯旺未完成的方尖碑。 阿斯旺的餐厅一般位于火车站前、市场上和尼罗河畔。若想尝一尝中东的考夫特肉肠，不妨去光临一次位于火车站南侧的麦迪纳餐馆，那里有地道的考夫特肉肠，以及沙拉、煮素菜、米饭等，环境也不错。 在阿斯旺最好是住老瀑布宾馆，它在整个埃及都是比较好的宾馆，那里曾是电影《尼罗河上的惨案》的外景地。滨河大道上也有很多住宿的地方，从80美元一晚的星级酒店到80埃及镑一晚的老式旅馆都有。	阿斯旺

Day4	白天继续带着孩子在阿斯旺玩耍。 晚上早点睡，第二天早起去红海度假胜地赫尔加达游览阿布辛贝神庙。	阿斯旺
Day5	离开阿斯旺，前往红海度假胜地赫尔加达。白天游览阿布辛贝神庙。	赫尔加达
Day6	在赫尔加达好好休闲地玩耍一整天。如果可以，起个大早，在太阳出来前，去荒漠沙原看日出。接着可以去造访古沙漠民族——贝都因人的村落，骑骆驼，品尝当地人的食品。 坐玻璃船游览可以与马尔代夫媲美的红海的清澈海域。观赏色彩斑斓的鱼类和世界上独一无二的红海珊瑚。 傍晚可以在海滩漫步，欣赏沙滩和夕阳。	赫尔加达
Day7	早晨，前往艾得夫，参观荷鲁斯神庙，该神庙是尼罗河上保存最完好的神庙。然后前往卢克索。 卢克索是埃及最知名的旅游胜地之一，这里有许多专门为迎合游客口味开设的餐饮场所。 预订房间最好要求有尼罗河景观，这可能会比面对花园的房间价格略高，但是景色真的不错。	卢克索
Day8	今天好好在卢克索逛一逛。可以去的地方有很多，精选几个推荐：帝王谷，拜访帝王陵墓；参观法老的陵寝，让你和孩子更加了解古埃及统治者的历史背景。	卢克索
Day9	从卢克索回到开罗。	开罗
Day10	在开罗逛一天。 有一些地方一定不要错过。一个是位于地铁马格吉斯站（Mar Girgis）的老开罗。下午还可以登上开罗塔，俯瞰开罗全城。	开罗
Day11	搭乘航班回国。	

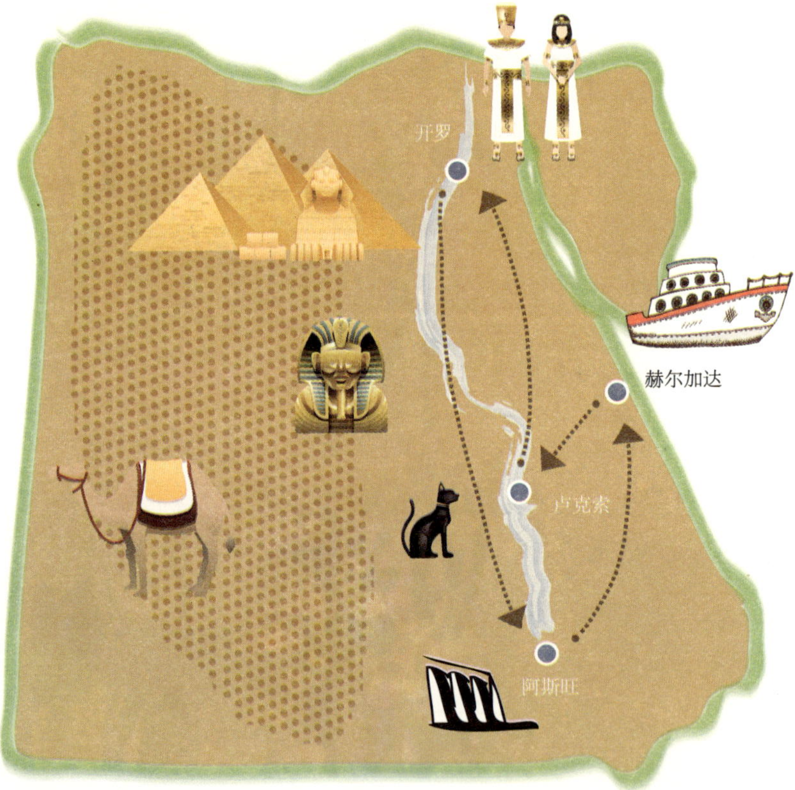
开罗
赫尔加达
卢克索
阿斯旺

谜一般的开罗 〉〉〉

2008年年底，我很想出去旅行，但那个时候家人和周围的朋友似乎都很忙，没有时间安排假期。一个人走游世界不免孤单，所以我开始打5岁Leo的主意。如果去的地方有迪士尼或大海，Leo是很容易就跳得老高地答应我的。但这次，我有些去腻了那些地方，想换换口味，去看看埃及。拉来Leo，我笑着跟他讲："和妈妈一起去埃及好吗？"小东西兴奋地问："有迪士尼吗？"我摇头。"有海边吗？"我摇头。"可以打高尔夫吗？"我摇头。小东西警惕地看着我问："那它有什么？" 我想了半天，有了个很好的回答："Leo不是很喜欢玩沙子嘛，埃及有一个好大的大沙漠，里面都是沙，而且那里还有古代人们搭建的城堡。"小家伙那会儿最喜欢玩沙子，所以一听就挺高兴地答应和我同行了。就这样，我们娘儿俩一起起程去了古老的国度埃及，并在那里过了一个很特别的2009年新年。

我们的飞机要在多哈转机。从北京飞多哈的飞机是晚班飞机，登机都已经快晚上10点了。不过，带孩子坐晚班飞机也挺好，上了飞机就是Leo平常睡觉的时间。Leo上了飞机一点儿都闹腾不起来，坐在座位上，东倒西歪地打瞌睡，飞机还没有起飞就呼呼睡着了。等到飞机在多哈机场降落，Leo才迷迷糊糊地被我叫醒。到多哈机场是当地时间的早上，我们在这里要等待4个多小时。为了休息得舒服些，我带着Leo进了商务候机室。这里除了供休息的沙发无比舒服之外，还能

看，Leo下棋赢了我是多么的开心

吃到丰盛的早餐，喝到各类饮料。

Leo还专门带了才学会的象棋，吃着喝着，拉着我下棋。4个多小时的等待变得没那么难熬了。

接着，我们坐上了飞赴开罗的飞机。睡了个午觉，埃及的首都开罗就到了。我们取好行李上了旅游车，导游在车上热情地欢迎我们。导游姑娘是开罗大学中文系的研究生，中文说的好得不得了。在车子向酒店驶去的途中，她用很流利的中文向我们介绍开罗古城。

开罗这座古老的城市横跨尼罗河，是尼罗河注入地中海的入海口所在。埃及文明就是从尼罗河开始的。从古到今，人类都爱依水而居，埃及的大部分城市都是沿尼罗河形成的，使古代的经济和交通得益于这条非洲的母亲河。今天，开罗仍是埃及和阿拉伯世界最大的城市，还是整个中东地区的政治、经济和商业中心。开罗有着无比悠久的历史，难得的是，它算是当今世界上少有的没有遭受太多战争破坏的古城。埃及历代的王朝和政府还都爱砸钱对开罗进行修建和扩建，所以今天我们看到的埃及首都开罗古今并存，交相辉映。不过，现在开罗人最感到头疼的是现代化带来的交通堵塞和城市污染。

天快黑的时候，我们到达了酒店Grand Pyramid Hotel。它离金字塔不远，里外都非常的漂亮和干净，不过还是和别的国家的同星级酒店有点差距，但是也还不错了。

在酒店安顿好已是傍晚7点多了，吃了晚餐，我们就休息了。一夜无话，我和Leo睡得很香。第二天一大早，6点，我俩被外边的喇叭吵醒了。原来，每天早上一到这个时间，全城的高音喇叭都会高声叫

到达酒店

在博物馆门口等待入场

起来，因为信奉伊斯兰教的埃及人的早祈祷开始了。被喇叭吵醒后，我再也睡不着了，干脆早起，带着Leo去吃了早餐。然后，我们在导游的带领下，去了埃及博物馆。

埃及博物馆坐落在开罗市中心的解放广场，创建于1858年，1902年迁至开罗新馆，是世界上最著名、规模最大的古埃及文物博物馆。不过，这么个历史悠久的博物馆并不是很大。第一眼看到埃及博物馆，觉得和我们国家的市级博物馆没什么区别，和北京硕大的国家博物馆相比实在是有点迷你了。但是，就是这样一个小小的只有两层的博物馆，每年给埃及带来非常可观的旅游收入。

导游去买票，我们坐在建筑物前的漂亮水池边等。水池里种植了埃及的国花莲花，周围则是一座座雕像。有一大群当地的小女生也坐在水池边，等待她们的老师买票。她们大概十二三岁，一直带着微笑看着Leo，并不时互相笑着交头接耳地小声说话。然后，有个胆大的上来用有点磕磕巴巴的英语问我："Where is he from? "Leo用英语告诉她们，他从北京来。小姑娘们都半张着嘴，哇的一声表示好奇。其中有一个走过来，拿着个照相机问我："He is cute，can we take a photo with him? "我点头。一群小女生呼啦一下都聚拢到Leo的身边，带着点兴奋还有点不好意思，冲着镜头咧着嘴笑。Leo被这么多姐姐簇拥着，都有点不好意思了。拍完照，我搂着他嘿嘿地冲他笑着说："哟，你还蛮受欢迎的嘛！"

拿到导游发的票，我拉着Leo走进博物馆。博物馆收藏了5000年前古埃及法老时代至公元6世纪的历史文物25万件，其中大多数展品年代超过3000年。博物馆有上、下两层，展品按照年代顺序分别陈列在几十间展室中。一走进大门，映入眼帘的是好多的石头：石头人、石头棺材、石碑、石柱……整个一出"石头记"。早就听说过埃及博物馆中珍藏了不少法老的陪葬品，我们在一间特别大的厅堂里看到了一屋子的陪葬品。由于这些珍宝不是纯金就是镀金，映衬得展览厅金碧辉煌，好奢侈的法老啊！著名的图坦卡蒙黄金面具摆在展厅正中央，周围是各种饰物——金老鹰、金链子……我对金面具注目良久，面具保存得相当好，眼睛部分直到今天看都是那么的炯炯有神，难以想象这是几千年前的产物。博物馆里有太多的展品让人赞叹做工之精细，但是也有很多展品让人感到阴森恐怖，比如大量的木乃伊、胡夫母亲早已风化的内脏、古埃及制作木乃伊的石台。Leo在不知情的情况下还拿手不停地抚摸台面，我的那个心情哪！只能拉着他去洗手间洗了一次又一次的手。

在进埃及博物馆之前，Leo还很快乐地和我合影拍照，但是最后他在一间有点阴森的展厅哭了，还埋怨："埃及没有妈妈说的好玩。好多死人的东西，我怕！"经过木乃伊厅的门口，需要再花35埃及镑

金字塔在蓝天白云阳光下，显得无比神秘

才能进入，据说里面可以清楚地看到10具木乃伊。我和Leo想了想还是算了，毕竟我们两个还是胆小的，怕看了吃不下饭，睡不着觉，即便睡着了也怕做噩梦。

在博物馆里，我们发觉公元后的文物不太多。想来这是因为法老时代后，埃及一脉相承的文明被侵略者中断了。优越的地理位置给埃及带来了繁荣，也带来了灾难。虽然后来埃及独立，但那时的埃及早已经元气大伤。7000年前的灿烂文明，如今已经辉煌不再。

走马观花结束了博物馆的参观，吃过午饭，我们就被带去看世界八大奇观之一的金字塔。埃及境内到今天共发现金字塔96座，最大的是开罗郊区吉萨的三座金字塔。参观金字塔，必须买票。在金字塔附近，Leo看到了骑着骆驼的警察拿着枪在巡逻。Leo很好奇，一直盯着看，拉着我说他也很想骑那头骆驼。我告诉他，要骑警察叔叔的骆驼是没戏的，不过答应他，只要有机会，一定让他骑其他骆驼。

走在旷野上，着实为金字塔的雄伟壮观感叹。金字塔是古埃及国王为自己修建的陵墓。在寸草不生、遍地黄沙的大地上，这些埃及古帝王的石砌陵墓气势宏伟，向游人展示着墓主昔日的威仪。吉萨的三座金字塔中最有名的是胡夫金字塔，它约建于公元前2580年，现高136.5米，塔底面积5.29万平方米，塔身由230万块石头砌成，每块石头平均重2.5吨。据说，10万人用了20年的时间才得以建成。金字塔塔身不用任何黏合材料，石块与石块之间吻合得天衣无缝，尽管历经几千年的风吹雨打，石缝之间至今仍然难以插进一把锋利的小刀。

吉萨的三个金字塔中有两个金字塔（胡夫和哈夫拉）内部的通道对外开放，听说最大的金字塔胡夫金字塔的通道设计精巧，但是人太多了，我们买不到票。Leo仍对进金字塔感兴趣，所以我们买票进

Leo一直在金字塔里憋着，走出金字塔还有一脸的不快

入了旁边那座规模相对小些的哈夫拉金字塔。我们怀着一颗敬畏之心进入法老的陵墓。从入口起是条黑漆漆的纵深往下的通道，又窄又小，在里面行动相当的困难，成人只能弯着腰进入。通道的坡度还很陡急，地上铺了一层木板防止摔倒，但仍需努力小心地保持平衡。在里面走动，作为成年人，我需要一直猫着腰，屈着膝。我刚想伸直身体，舒口气，头就撞到墙了，所以我无奈地一直保持了毕恭毕敬的姿态。Leo因为个子不高，所以可以正常在里面行走。金字塔里面非常的憋闷，千年没有晒过阳光，没有通过风，里面阴暗腐朽的味道极其难闻。加上通道是通往棺木的，越走越感到恐怖。走到通道的尽头，哎，太失望了，就是一个四方的空石棺，靠壁而放，其他啥都没有。看过后，我拉着Leo，在窒息之前，以最快的速度奔向光明。最后我

我和Leo在大沙漠里，顶礼膜拜着这些千年的金字塔，打心里佩服那些当年建造它们的古人们

的感想是，去了就去了，但是这辈子我再也不要去第二次了。里面真的太缺氧了，有高血压、心脏病的，还有孕妇就千万别去了。

从金字塔出来，我们就奔着胡夫的儿子哈佛拉国王的陵墓去了。看上去儿子的陵墓比老子的更加完美壮观。更夺人眼球的是，这里不光只是个金字塔，塔前还建有庙宇等附属建筑，还有举世闻名的狮身人面像Sphinx。Sphinx在阿拉伯语里的意思是“恐怖之父”。据说狮身人面像的面部参照哈佛拉，身体为狮子。雕像的一个耳朵就有2米高。整个雕像除狮爪外，全部由一块天然岩石雕成。狮身人面像已经经历了4000多年的岁月，所以整个雕像风化严重，尤其是面部严重破损。有人说它曾被人当作靶子练习射击，也有人说那是拿破仑入侵埃及时炮击留下的痕迹。虽然历尽沧桑，破了相的Sphinx还是相当的雄伟壮观，它表情肃穆地久久凝视着远方。

我们此行在开罗待的时间并不长，看完金字塔的第二天我们就坐火车南下了。不过，旅途的最后，我们又回到了开罗，因为要从这里坐飞机回北京。回到开罗的那天下午，我们参观了旅游者必到之地——罕哈利利市场。这是位于开罗市中心地带（老城区）的市场，到今天仍保持了500年前的伊斯兰市场原貌。其实，开罗整座城市就是一座伊斯兰博物院，到处是历代伊斯兰王朝的建筑性标志和艺术精品。这个小小的市场更是个典型的代表。我带着Leo在市场里好好地逛了逛。不宽敞的几十条小街巷里有几千家个体小店。因为道路狭窄，小店铺一家挨着一家地挤在一起。店铺虽很多，但是卖的东西有点重复，都是些中东最传统的手工艺品，如铜器、铁器、金银首饰和装饰品，彩色玻璃、编织、皮革制品以及伊斯兰世界的各国地毯。比较有意思的是，不多的几家作坊里，有老师傅和学徒工仍旧以古代老传统传授技艺和制作工艺品，当场出售，现钱交易。我和Leo把这个当作节目表演看，觉得很有意思。罕哈利利市场现在已成为开罗古老文化和东方伊斯兰色彩的一个象征，吸引着世界各地的游客。

珍珠卢克索 〉〉〉

到达开罗的第二天晚上，我们就坐上了去卢克索（Luxor）的火车南下了。

来到开罗的火车站，觉得时光倒逝，仿佛回到了20世纪80年代初的中国县城火车站。车站不大，很老旧，非常的脏乱差。人来人往之中，除了身着长袍的埃及人以外，剩下就是形色各异的外国游客了。一列列的火车在月台进进出出。Leo是第一次看到如此的画面：几乎每列从我们面前开过的列车都破烂不堪，拥挤肮脏的车厢，连门都不关上就匆匆上路了。车厢里都是埃及当地人，挤得密密麻麻的，就像堆得严严实实的麦秸硬塞在里面。Leo问我，挤成这样，还能喘气吗？是啊，我们这些旁观者都看得喘不过气来，不知道那些当地人是如何坚持的。这场景让我恍惚之间以为自己走错了年代，穿越了。月台上，长廊下，放着几张长椅，但是脏兮兮的，上面还有很多垃圾杂物。当地人倒是完全不介意，三五成群地坐在那里。车站的公共厕所是根本没法进，还没走进去，就能瞥见里面一片黑乎乎，乱糟糟，根本没法下脚。好在接待外国游客去卢克索的火车都是头等车，虽然火车有些旧，但里面的条件还算能接受。我和Leo两个人一个包厢，上下床，出乎意料的是，包厢里还有洗手池。

火车很快就启动了。伴随着列车隆隆开启，城市的灯火快速向后退去，不多一会儿，便没入夜幕之中。我们车厢专门有个服务员，

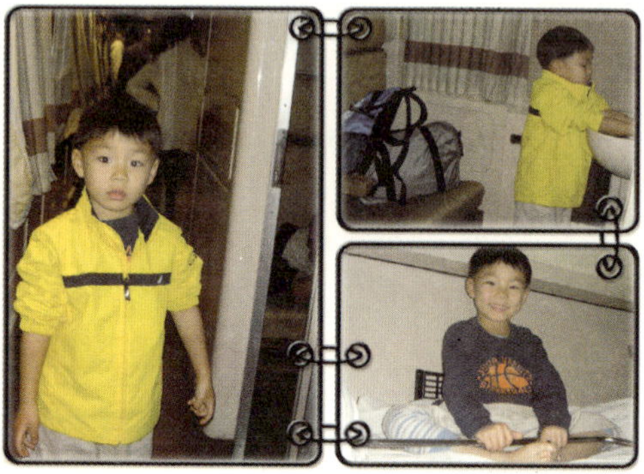

①包厢门口

②Leo在包厢内洗漱

③Leo要睡上铺

大概50来岁。他给我们送来了晚饭餐盒。Leo接过餐盒，开始四下张望，不知如何就餐，因为车厢里没有像国内卧铺车厢那样的桌子。不知所措的Leo出了包厢门，找到了服务员，服务员像变戏法一样从上下床的一侧抽出两块木板，并固定在了床前的扁槽中，然后拍拍桌子，并朝Leo笑。原来如此，可帮我们解了围。Leo看着“老”服务员的背影说：“他这么大年纪还干活啊？”我说：“是啊，为了过日子，没办法呢。”Leo和我在晃动的火车上吃完了晚餐。晚餐的味道很一般，但还是干净管饱的。吃完后，服务员过来麻利地收了餐盒，简单地打扫了一下。就在他转身离开之际，Leo说：“Wait please！”然后从自己的小包里拿出了1美金，递过去说：“Your tip！”这一张小纸币让满脸沧桑的“老”服务员感激地笑着不停地向我们鞠躬。

吃饱了，开始睡觉！在晃晃悠悠的车厢里，我睡了醒，醒了再睡，Leo倒是睡得呼呼的。凌晨的时候，我们到达了卢克索火车站，比开罗的看着干净好多。

下了火车，已经有车等着接我们了。我们摸着黑上了车，开始游览世界上最大的露天博物馆——卢克索。卢克索是埃及中南部城市，尼罗河也从这里流过。它位于古埃及中王国和新王国的都城、著名的底比斯南半部遗址上，至今已有4000多年的历史。到新王国十八王朝，底比斯进入鼎盛时期，城市跨尼罗河中游两岸。据说当时的底比斯人口稠密、广厦万千，城门就有100座，荷马史诗中把这里称为“百门之都”，是当时世界上最大的城市。在近700年的时间里，法老们就从这颗“埃及的珍珠”发号施令，使古埃及达到了它最辉煌的巅峰。如今的卢克索已成为一座现代旅游城市、埃及的旅游胜地，无数的古埃及庙宇还有神殿给卢克索打上了特殊的标记。埃及人常说：“没有到过卢克索，就不算到过埃及。”这里每年都有几十万游客从世界各地慕名而来。

我们在卢克索的第一站是去参观世界闻名的卡纳克神庙（Karnak

卡纳克神庙

Temple）。我们到达神庙的时候刚刚好，太阳正准备升起。可惜的是，我的单反相机在旅行箱里，只能拿了傻瓜机随便拍拍，结果效果奇差，没法看。卡纳克神庙是埃及帝国留下的最壮观的神庙，原本的规模要用“浩大”来描述，到今天，很大一部分已被破坏，但光是那些仅存的完好部分占地仍达30多公顷。整个建筑群中，有大小神殿20余座。阿蒙神庙是卡纳克神庙的主体部分，供奉的是底比斯主神——太阳神阿蒙。Leo对神庙的石头还有雕刻不是很感兴趣，不过他很喜欢听导游讲故事。我们来到阿蒙神庙的石柱大厅，这是这里最为著名的大厅。导游告诉我们，那部很有名的电影《尼罗河上的惨案》就有一场戏是在这里拍摄的：富家女和新婚的丈夫在阿蒙神庙游览，一块巨石从一个高大的圆柱上坠落，差点击中富家女的头。

除了阿蒙大厅，神庙内有134根要6个人才能合抱的巨柱，每根高21米。庙内的柱壁和墙垣上都刻有精美的浮雕，绘有鲜艳的彩绘，它们记载着古埃及的神话传说和当时人们的日常生活。导游让我们千万别错过庙内闻名遐迩的方尖碑。我们在她的带领下，沿神庙的中轴线走到大柱厅的尽头，先后看见两座方尖碑。这两座方尖碑高近30米，是当时最高的方尖碑，至于这么高大的石柱是如何立起来的，至今仍是个谜。Leo绕着方尖碑转了又转，很确信地告诉我：“妈妈，这一定是用大吊车吊来的！”我们在场的都笑了。

走走停停，不知不觉中，太阳已经爬上天，暖洋洋地晒在我们身上了。坐在大石头上，仰望着古老的雕塑和石柱，我心中猜想，4000多年前，就在这里，一群能工巧匠怀揣着怎样的尊崇和敬畏，为他们心中的神建造永生不灭的艺术殿堂啊！

我们在卡纳克神庙的参观结束了。当我们走回大门，站在神庙的门口，回望神庙，发觉神庙的气势更加恢宏了，几千年的历史无声地定格了。大门口那条通道两边象征着太阳神的狮身公羊石雕像也显得更加威武了。

接下来，我们马不停蹄地前往卢克索神庙（Luxor Temple）。卢克索神庙位于卢克索市中心的尼罗河畔，距离卡纳克神庙不足3公里，规模仅次于卡纳克神庙。

车子开在卢克索的大街上，透过车窗，透过枝叶稀疏的棕榈树，不久，我们就看到前方那一排排灰蒙蒙的高大柱子，一堆堆杂乱的废墟，巍峨高大的破败城门，还有一座形单影只的方尖碑。卢克索神庙和卡纳克神庙两者相似之处，是都有许多巨大的高度达20米的大石柱。卢克索神庙的石柱有更令人惊叹的雄伟气势，每一根柱子都代表了法老的威严。巨大坚硬的花岗岩横梁上雕琢的精美图案，隐约透出神庙当时的富丽堂皇。Leo在石柱间奔来跑去，消耗他使不完的劲儿。我发现Leo开始对那些巨大的石柱体有了一些懵懵懂懂的感觉，他开始拉住导游询问那些一次又一次出现在面前的神秘图形和象形符号。在古埃及人的观念中，神是至高无上的，但同时也是有生命、有生活的。当地人每年举行盛大的奥佩特节（Opet Festival），以隆重的仪式，组织庞大的队伍，护送阿蒙—拉神[1]乘坐神船沿着羊首狮身大道来卢克索神庙与妻子、儿子相会。神的一家在世俗大众的虔诚欢呼声中热情相会的情景被雕刻在卢克索神庙的墙壁上，永恒地留在人间。

1　阿蒙本是古埃及底比斯的主神。埃及第十一王朝时，因底比斯的兴起，阿蒙代替拉神，成为全埃及的主神。但对拉神的崇拜并没有因此而消失，后阿蒙和拉神融为一体，成为阿蒙—拉，被称为众神之王。

感谢古埃及人以石为纸，以刀为笔，留下这么多后人可以阅读的故事

参观过卢克索神庙后，我们来到了尼罗河西岸游览孟农神像。导游并没有带我们直接站到孟农巨像脚下，而是让司机将车开到了一个孟农巨像正对面的山坡上。矗立在尼罗河西岸和国王谷之间原野上的两座岩石巨像，高达20米。虽然石像历尽多年的风雨，早已风化严

重，但是它的磅礴气势仍在。巨像的面部已不可辨识，据说很早以前，每当起风的时候，孟农像就像在唱歌一样，十分神奇。后来经过修补，孟农像就再也没有唱过歌。

我们又来到尼罗河西岸的一条山谷，这里集中了许多国王和王室成员的陵墓，也就是著名的国王谷。山谷中埋葬着第17王朝到第20王朝期间的64位法老，其中只有17座陵墓开放。这也是埃及出名的壁画集中地。因为被神奇的壁画吸引得太入迷，竟然没有留下照片。

当晚，我们乘车前往红海度假胜地——赫尔加达（Hurghada），开始短暂地享受红海的3S（Sun，Sand，Sea）时光。

古朴繁华的亚历山大 〉〉〉

游览过红海后，我们坐了好长时间车，前往濒临地中海的著名旅游城市——亚历山大。我们接下来要欣赏亚历山大老城的古朴和新城的繁华，还要去远眺古代灯塔遗址外观，并参观壮观的庞贝神柱。

亚历山大港是埃及历史名城，和埃及其他地方的风光不一样，这里靠着地中海，有着不一般的伊斯兰习俗与西方文明交织在一起的风情。这里有世界八大奇迹之一的法罗斯灯塔遗迹，还有众多希腊罗马时期的古迹遍布市区各个角落，与阿拉伯风情交相辉映。这里的地理位置也很重要，它紧紧依偎着地中海，是连接埃及与欧洲、地中海国家的重要交通枢纽，是埃及最大的海港。今天的亚历山大城不像开罗那样繁华忙碌，但是干净整洁，而且因为靠着海，空气也比开罗好很多。

亚历山大的滨海大道沿着海滩东西延伸，在这20多公里长的海湾一带，有着不少著名的建筑和古迹。世界公认的古代八大奇观有两个在埃及，一个是吉萨金字塔，另一个就是亚历山大港灯塔（The Lighthouse of Alexandria）。灯塔遗址其实在亚历山大城外的法罗斯岛上，所以我们只能站在Fort Qayt Bay远远地欣赏古灯塔的遗址。灯塔约建于公元前280年，纯粹是为人民实际生活而建，且在当时是世上最高的建筑物。灯塔的外部是由石灰石、花岗石、白大理石和青铜铸

在遥望灯塔的时候，来了群埃及姑娘，主动要和我合影

成的，尽显巍峨。亚历山大灯塔的亮光在晚上照耀着整个亚历山大港，保护着海上的船只。不过，灯塔所处的地方经受了数次地震，灯塔于1480年完全沉入海底。埃及国王玛姆路克苏丹为了抵抗外来者的侵略，曾在灯塔原址建了一座城堡。到了1966年，这里改为埃及航海博物馆，展出模型、壁画、油画等，介绍自1万年前从草船开始的埃及造船和航海史。

亚历山大图书馆也是此城中一座丰碑式的建筑，当年的亚历山大图书馆（Great Library）早已毁于一旦，它所珍藏的大量古代智慧也随之永远消逝了。不过，后来联合国教科文组织出资修建了它，帮助它呈现昔日作为世界学识殿堂之一的古图书馆的辉煌。被复制的现代版大图书馆就坐落于原址，仍是世界藏书量最大的图书馆之一。

这座图书馆既气势宏伟又简约朴素。它由挪威人设计，有着圆形多层次的外观，面向地中海，钢架玻璃的屋顶和柱顶的四棱透镜使透入的光线弥散，并且随日光的移动而不断变化。今天的图书馆达到了既现代又有厚重历史感的目的。最让人印象深刻的是，图书馆的石头墙上刻满了阿拉伯文字、图案、符号，还有音乐和数学符号，以及世界各种文化的文字符号。这些图案均是手工凿刻而成。Leo说，一点儿都看不懂。我说，没事，长大了，你就会有学问了，到时候再来看。

在图书馆门口驻足，我看到不断有年轻的学生模样的人从图书馆边的一座步行桥上走过。导游介绍，这座步行桥跨越一条交通繁忙的街道，与图书馆的二楼相接，为图书馆和南面的亚历山大大学提供了通道。图书馆的入口面对着年代较早的大学礼堂正门，仿佛是向这个相邻建筑表示敬意。

让人看一眼就忘不了的图书馆，真想进去看会儿书啊

随后，我们到了位于海滨大道东端的蒙塔扎宫（Montaza Palace）。这是以前的国王及王室成员避暑的行宫，所以也称为夏宫。宫殿俯瞰幽静的海滩，周围被椰枣树林和花园环绕，建筑融合了欧洲的佛罗伦萨与土耳其风格。园内有法鲁克国王行宫（现为埃及国宾馆），是一座极其奢华的酒店。

蒙塔扎宫不对公众开放，所以只能在栏杆外边拍拍照了。这附近的海滨倒是向游人和垂钓者开放。我们站在海边的高地，俯瞰了一会儿地中海上的大风大浪。

亚历山大的庞贝柱（Pompey's Pillar）是出了名的历史古迹，也是亚历山大城的标志。庞贝柱又称骑士之柱，是一根高约27米的粉红色亚斯文花岗岩石柱，建于当时的罗马帝国时期。多少年来，亚历山大经历了沧海桑田，许多著名的古迹或成废墟，或销声匿迹，唯独庞

蒙塔扎王宫门口

庞贝柱

贝石柱巍然挺立，亚历山大人把它看作是城市的城徽。千年来，这根石柱遗留下不少奇闻逸事。据说，十字军将士误认为古罗马大将庞贝（公元前106～前48年）被恺撒击败，逃到了埃及，死于埃及人之手，其骨灰存于柱顶的骨灰罐里，因此很多人至今仍称之为庞贝柱。庞贝柱的最顶上是个花形柱头，导游介绍说，中世纪的西方人还猜那里曾经放了庞贝的头颅示众。Leo听到了说，太吓人啦。

我们站在巨大的石柱下面，仰望了它很久。Leo问我，这柱子在这里站了多久了？我答不上来。Leo咨询导游得到答案：耸立了1600年。太佩服了！这么多年，无论风雨战火都没有撼动它，我不禁佩服当年那些建造者的艰辛和智慧。

石柱的周围点缀着许多法老时期的艺术品作为陪衬，如两座黑色花岗岩斯芬克司像（头部已缺损），两座红色花岗岩斯芬克司像，附近还有拉美西斯二世和萨姆提克一世的雕像。

参观完亚历山大，我们回到开罗，坐飞机回国。这回去的一路，Leo继续着他的好梦无数。

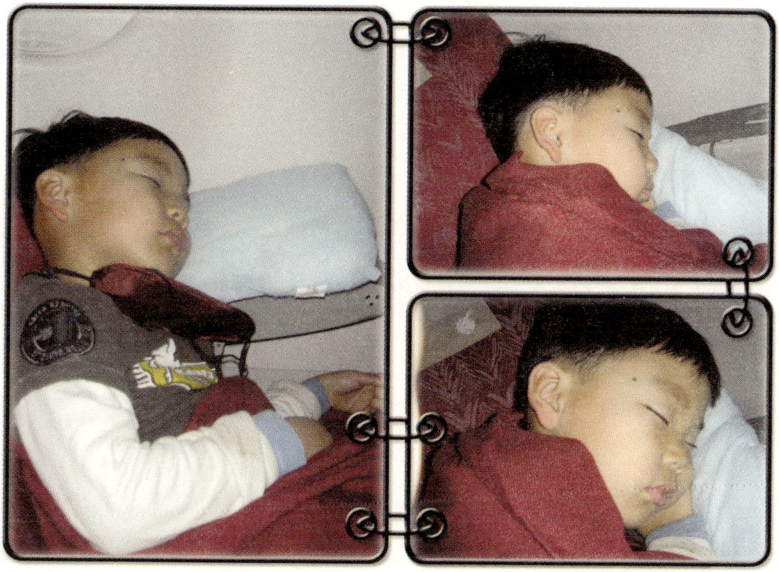

一路好梦的Leo

坎昆旅行建议

最佳旅游时间

11月到次年5月。

自由行VS跟团游

去坎昆，有好几种玩法，可以跟团走，也可以选择自由行。根据我第一次玩下来的感受，自由行还是很不错的选择。坎昆吸引人的地方，一个是海边，一个是玛雅文化遗址，还有就是周边的几个主题公园。

坎昆的旅游业非常发达，有很成熟的旅游公司，设计好了去往玛雅遗址和不同主题公园的当天行程。这些旅游公司的信息可以在酒店的大堂找到，提早一天预定即可。每天早上，旅游公司都有旅游班车前往酒店门口，接上游客，前往玛雅文化遗址和主题公园。

坎昆的旅游计划自己安排制订非常简单。坎昆不大，沿着海边走走，能逛遍这里出名的海滩。剩下的，就是搭车去玛雅遗址和主题公园了。

关于酒店

在坎昆旅游，你会发现这里酒店不少。如果从地理范围来看，可以把坎昆的酒店分为市中心（downtown）和酒店区（hotel zone）两类。

市中心的酒店价格比较实惠。而酒店区的酒店价格就相对较贵了。酒店区就是坎昆东南面的一条海岸。这条海岸长达20公里左右，呈南北向排列，几乎全部是豪华酒店及商店。个人建议，如果带着孩子来坎昆，那么还是在这里寻找酒店，可以随时随地享受蓝天、碧海、沙滩，尽享坎昆海滩的魅力。

酒店区里的酒店也有两种不同的类别。有一类是All Inclusive，这种酒店费用里包含了住宿及三餐，三餐都是自助餐。另一类就是通常的酒店，费用中只包括住宿。选择这类的话，吃饭的自由性高些。

很多美国人到了坎昆，会选择All Inclusive的酒店，到了以后啥都不想，一头扎进酒店，饿了就吃，困了就睡，剩下的时间就是晒太阳、游泳、购物。我觉得这种玩法过于腐败。个人建议，不一定要选择All Inclusive。除非带着小宝宝，不想外出探访玛雅文化，不去那些一泡要泡上一天的主题游乐园。其他情况还是选择只有住宿的酒店，这样假若外出可在旅游景点进餐，也节约。

坎昆的主题公园和其他大型游乐项目

坎昆附近有几个非常有特色的主题公园，最出名的包括Xcaret、Xplor、Xel-Ha。这里一一点评一下。

- Xcaret主要是墨西哥民族文化园，晚上可享受有超过300名演员表演的大型墨西哥历史文化进程的歌舞，还可以看到室外的祈雨表演和全程大概800米长的地下河，仔细看能看到地下河里有各种珊瑚和小鱼。这好像是大家最推崇的主题公园。

- XPlor有各种比较刺激的水陆两地娱乐项目：铁索飞人、驾驶两栖车辆穿越丛林，还有在被钟乳石和石笋包围的洞穴内的地下河里游泳和在激流里双手划水。

- Xel-Ha是一个水上乐园，也是浮潜的好地方。

坎昆的其他水上活动

除了主题公园，坎昆还有其他很多好玩的活动，水肺潜水（Scuba Diving）、自驾全地形车游（ATV Tour）、热带丛林游（Jungle Tour）、帆伞（Parasailing）等，太多了，当然这些活动都是要收费的。

有一个特别值得推荐的网站www.cancun-discounts.com，在这个网站上有很多好玩的水上活动，并且都会有些优惠。

坎昆5天行程推荐 〉〉〉

日期	大致行程安排	在哪里住
Day1	到达墨西哥坎昆，提车。 办好入住后，带着一点儿时差，和宝贝在酒店的游泳池或者酒店边的海边，享受阳光、沙滩、蓝天、白云吧。 晚上找一间特色饭店，品尝当地美食。	坎昆
Day2	早起，带着宝贝去探访玛雅文化遗址。 建议找一家比较成熟的旅游公司，预订去奇琴伊察遗址（Chichen Itza）的一天游。最好挑选一条可以顺路把墨西哥天坑和Valladolid小镇逛到的旅游路线。	坎昆
Day3	在坎昆的三个大型游乐公园中选择一个。 个人建议去Xcaret。这是个濒海游乐园区。你的宝贝到了那里一定会惊喜不断的。与鱼共泳、观摩海龟、沙滩闲逛、棕林散步……无不令人惬意。每天傍晚，游乐园都举办大型民族史诗舞蹈，把墨西哥的古代、近代和现代历史，用歌舞的方式，淋漓尽致地展示给来自世界各国的游客。让宝贝在疯玩了一天以后，也能长点知识。	坎昆
Day4	坎昆附近有两个出名的小岛，都不大，安排一天就可以玩转。今天，建议考虑选择其中之一。 这两个小岛，一个是Isla Mujeres，也叫女人岛。这个岛很小，在酒店区的北面乘船就可以去。 另外一个岛是Cozumel岛，需要先乘车到Playa del carmen，然后再坐船登岛。Cozumel岛东面的海也很漂亮，可以游泳。这也是很多游轮必停之处。今后如果有机会坐游轮下加勒比海，可以不在这次选择这个岛。	坎昆
Day5	再次在海边沙滩漫步，泡泳池，晒太阳。 搭乘下午的航班回国。	

探访古老神秘的玛雅文明 〉〉〉

这次坎昆之行，我带了老妈，还有哥哥Leo和弟弟Levin。旅行很休闲，完全没有赶时间，赶景点。期间的一天，我带着老的小的一起探访了古老神秘的玛雅文明遗址——奇琴伊察。这次探秘让哥哥很期待，因为此前他去了埃及，看到了那里古老的金字塔，这次（2012年）要看玛雅人的金字塔，哥哥打算好好比较比较这俩金字塔有何不同。

驰名世界的玛雅文化遗址在墨西哥境内主要散落在尤卡坦半岛（Yucatan）各处，其中以奇琴伊察最为著名，也是墨西哥的旅游地标之一。奇琴伊察是玛雅语，意思是“在伊察人小井口”。因为离坎昆不远，很多到了坎昆的游客都会花一天时间来这里看看，因此奇琴伊察全年都游人如织。因为它是如此的热门，所以来此旅游的报价不菲。不过呢，我在这里要表扬一下我自己，由于我准备充分，出发之前就上网搜到了一个旅游活动优惠网站，预先在网上订好了去参观奇琴伊察的票，所以非常便宜，只是通常票价的一半，一个人63美金（抱在手里的弟弟因为不占座，所以免费）。活动的内容包括参观奇琴伊察、天坑、自助午餐和往返交通。顺便说一下，这个“墨西哥天坑”是世界36个秘境之一，所以也是相当值得探访的景点。

从坎昆到奇琴伊察，开车大概要3个小时左右，所以这趟奇琴伊察的行程是从早到晚一整天，早上7点就要上车，要到晚上六七点才能回到酒店。

早上7点左右，我们到了酒店的门口，等候旅游车来接我们。好多游客在等车，车来了以后，大家都还算谦让，因为我们有老人，还有坐在推车里的小弟弟，就被客气地让到了队伍的最前面。开车之后，我抱着弟弟，哥哥挨着我，坐在靠窗的一边，方便看景，我妈隔着走道和一个高大的老外帅哥坐。老外帅哥很客气，他的位置靠窗，每次进出自己的位置都和我妈微笑点头，表示感谢，旅途中还逗哥哥弟弟玩，和我们聊天。老外帅哥是加拿大人，和爸妈以及两个兄弟一起来旅行，他们一家昨晚还去了坎昆最棒的酒吧，给我讲述了那里如何热闹，他的兄弟们如何跳舞发酒疯。泡酒吧对于我，也就只有听的份了。哥哥Leo很好奇地问："What is bar？"我只告诉他是个喝酒的地方，他很有自知之明地说："那还是算了，我去不了，我不能喝酒。"

等待期间，我和老妈、Levin合个影

我们的车出发后没多久，墨西哥导游就开始用有口音的英语做自我介绍，并告诉我们此行的具体安排。导游是典型的墨西哥人，又矮又壮实，对自己民族的文化充满了骄傲和自豪，说了很多玛雅文化的过去和现在。导游的讲解还没有结束，我们和弟弟哥哥就随着车子的轻微晃动，睡得不省人事了。直到车在一个休息站停下，让大家方便，我们才醒来。

接下来没开多久就到了有名的天坑。我们一共有50分钟的时间参观天坑。同行的游客还有带着泳衣和浴巾打算下去游泳的。我带的有大有小，所以放弃了游泳的想法，饱饱眼福就好了。走近天坑的洞口，向下俯瞰，是个深约40米的地下天然井。这个巨大深邃的地下天然水井就被称为天坑。以前的墨西哥人认为天坑是陨石冲击地表而形成的，不过后来科学家们研究证实，天坑的出现是因为有水流经的石灰岩岩层经酸雨侵蚀后，塌陷形成的坑洞。我抱着弟弟，拉着哥哥沿着石阶往下走，到了中段区域，能看到洞口垂下的纠结藤条，也能看到池水泛出的宝蓝色的颜色和光泽。接着走，我们终于走到了井底，环顾四周，好多条涓涓细流顺着岩壁流往水池。事先准备好游泳的人迫不及待地跳入水池，享受无比的清凉，惹得Leo很羡慕。Leo俯身看着水池，然后指着水面让弟弟看小鱼。果然，在清澈的池水里，有好多小鱼正在游泳。

从天坑出来，我们登上旅游车，先去吃午饭。午饭是自助餐，在一个比较豪华的墨西哥餐馆。餐馆不小，前厅后院放了几十张大桌子，挤满了世界各地的游客，估计去奇琴伊察的游客都会在这里停留用餐。人虽多，但是大家进餐很有秩序，每个团队都会拿到一个等餐的号码，轮到这个号的时候，再进场吃饭。为了让等待的人不闲得无聊，饭店外有一大片场地是旅游纪念品的大卖场。这个创意真的很管用，没吃饭的人淘纪念品，时间就不那么难熬了。

Leo左看看右看看，摸摸这个，摸摸那个，着实好好地玩了一大会儿。我抱着Levin，因为弟弟手脚很快，极容易打碎那些玻璃或是陶瓷的纪念品。小弟弟看到各类小玩意，很好奇，总伸着手要这个那个。Leo挑了个木头做的墨西哥人头像给弟弟玩，Levin弟弟很知足，笑容满面地抱着玩了好一会儿。有事情做，时间就过得快。没一会儿，就听见餐厅服务员喊我们去吃饭了。午餐是丰富的自助餐，地道的墨西哥菜肴。弟弟吃了很多意大利面条，哥哥端着盘子品尝了很多墨西哥当地的菜肴，最爱的是墨西哥鸡肉卷饼。

酒足饭饱的我们再次上车，开了没多久，奇琴伊察就到了。我们的导游很有意思，他说，这个地名不太好读也不太好记，不过如果把它读成是Chicken Pizza（鸡肉比萨饼），就不容易把这个名字忘记掉了。Leo被逗得哈哈大笑。我们下车后，在大门附近集中，等导游去买票。借此机会环顾四周，我们发现墙上有很多关于奇琴伊察的介绍。原来奇琴伊察是一个大型的前哥伦布时期的考古遗址，也是目前世界新七大奇迹之一。奇琴伊察一直是玛雅文明主要的政治经济中心，玛雅文字中的chi是“嘴巴”的意思，chen是“井”，itza代表“伊察人”。奇琴伊察所在的半岛没有什么河流，依水而居又是人的天性，所以人们的生活依赖地下天然水井，也就是类似先前参观过的天坑，作为主要水源。奇琴伊察附近有3个终年提供水源的天坑，很自然成为当年最大的人口聚集地。后来到了13世纪前后，这里因为内战以及统治中心转移才渐渐没落。

导游拿到了门票，带领我们进去参观。我们的门票一张要115墨西哥币，约合45元人民币。进了大门，好嘛，路的两边摆满了卖纪念品的路边摊。走过路边摊，视野一下子开阔了，前面有一大片空地，最中心、最精华的卡斯蒂略金字塔（El Castillo）出现在我们的面前！Leo看了后，告诉我说，和埃及的金字塔很不一样啊。是的，玛雅的金字塔和埃及金字塔看起来挺不一样的。埃及金字塔是土黄色的巨石堆成的，是尖顶的四棱锥形；玛雅的金字塔比较矮一点儿，也是由巨石堆成，但由于石头是灰白色的，所以整个金字塔呈灰白色，下面是锥形，但是顶端不尖，建有祭神的神殿。这是古代玛雅人祭祀羽蛇神的神殿，羽蛇神代表死亡和重生，也是祭司门的守护神，所以卡斯蒂略金字塔又称羽蛇神金字塔。

站在玛雅金字塔脚下，听导游介绍：金字塔底部四边等长，围成一个正方形，四周各有四座楼梯，每座楼梯有91阶，四座楼梯加上最上面一阶共365阶（91×4＋1=365），刚刚好是一年的天数。玛雅人非常重视天文学的数据，他们的建筑里处处都是这些关于天体运行规律的数字。除了阶梯数目外，金字塔四面各有52个四角浮雕，表示玛雅历1世纪52年。金字塔总共分有9个层次，代表玛雅人的宇宙观，他们认为人死后要先经过9层地府才能升天。

导游还介绍，玛雅金字塔有两个特别的设计：一是，每年春分和

一大片空地的中心，屹立着卡斯蒂略金字塔

Leo听讲解很认真

秋分当天，刚好是昼夜平分，白天晚上各12个小时，太阳光照到金字塔，会在北面阶梯上投下波浪形的阴影，随着日升日落的光影转换，就像羽蛇神从天而降来显灵一样神奇。接着，导游带着我们走到神殿口的阶梯前面，面对着上方神殿拍拍手，神殿口就会传出一种像怪鸟发出的大叫声。

Leo在埃及的时候，爬过金字塔，这次也很想去爬玛雅金字塔。不过很可惜，导游说，据说2005年以前，还可以登上台阶，但是自打那年有人从金字塔上失足摔下来，送了命之后，就再也不让人爬了。是啊，玛雅金字塔虽然没有埃及金字塔高，但那些台阶还是挺窄挺陡的，看着都危险，不让爬也就算了。

奇琴伊察附近还有着玛雅历史上最为著名的球场。球场坐落在奇琴伊察的东端，是中美洲各个玛雅遗址中最大的一个球场。球场比现在一般的田径场略窄长些，大约有150米长，两头各有一座庙宇，是玛雅部落首领的看台。两侧是两条高高的平台，供达官贵人坐的。场地两侧各有一面高墙，这是古老的玛雅人利用声学原理设计的高墙，人们分别站在两头的庙宇里不用费劲就能传音对话。在球场一侧的墙面上绘有球赛的场面和胜利者被推上神庙做人祭的场景。导游向我们介绍，当年参加比赛的双方要用高难度的动作在激烈或者说残忍的对抗中让球穿过球洞。因为这样的比试实在是相当困难，所以绝大多数球赛都是以0：0告终。一旦有人得分，玛雅人就会看作是神的格外恩典，举国欢腾，普天同庆。不过，接下来，胜出的球员将要把命送上。原因是玛雅人认为胜者实在是太伟大了，所以他是最好的敬神的“贡品”。比赛结束后，他的头颅被陈列在球场边的台子上祭祀神灵，并接受后世的敬仰。Leo刚开始以为听错了，后来虽然理解了，但还是不能接受，他说：“赢了比赛丢掉性命，太残忍，也太不

这些石柱，高度差不多，排列得非常整齐

奇琴伊察北边的圣井

公平了！”

知道了这个历史，我心里很不舒服，小待片刻就出了球场。玛雅金字塔的另外一侧竖立着千余根石柱，解说牌上说，这个遗址是古代的武士庙，纪念玛雅勇士的。武士庙的天花板原是用木板盖成，因年代久远而不复存在，只留下这千根石柱让后人凭吊。

接着，导游带着我们到了奇琴伊察北边的圣井（Cenote of Sacrifice），古玛雅人就是仰仗这口大井建造城市、安居乐业。想来人类的文明总是离不开水，依水而居是人类的天性，所以中国的文化起源于长江黄河，埃及则是在尼罗河边风生水起。不过，导游接着讲述到，以前玛雅人遇到干旱的时候，就会把宝物跟小孩丢到井里祭祀雨神，祈求风调雨顺。本来在球场Leo就被赢了比赛丢了性命的勇士鸣不平，现在又被“丢小孩到井里祭祀”搞得很难受，愁眉苦脸地说：

Leo自己杀价买到了喜欢的宝贝

“玛雅人到底怎么想的啊？太残忍了！”

圣井参观完毕，要离开的时候，我们又经过了卖纪念品的路边摊。墨西哥人喜欢漫天要价，不过，别太在意开出来的可怕价格，你可以尽情杀价。原则是上来就杀一半的价，而且可以用美金付款。Leo看中了一个用当地竹筒做的打击乐器，我给了他10美金，让他自己去搞定，我则坐在一边的长椅上观看。小贩开价25美金，Leo还价10美金，小贩笑嘻嘻地说：“No，too cheap.15 USD.”哥哥哭着脸说：“No more money，this is the only money I have.”小贩耸耸肩，说10块不行，最少13块。Leo苦着脸，只好转身要走。小贩似乎探到了哥哥的底——小朋友真的没有更多钱了，所以把哥哥喊了回去，以10块钱成交！哥哥原本情绪被玛雅人的古老传说搞得很低落，现在得到了喜欢的东西，马上阴转晴，抱着宝贝奔向我。

这一天的墨西哥玛雅金字塔游，又累又充实，大小两个宝贝在回去的路上呼呼大睡。到了酒店，我点了几道墨西哥美食送到房间，大大小小一块吃了一顿很丰盛的晚饭。之后洗了澡，几个人一觉睡到大天亮！

墨西哥美食

Leo眼中的西卡莱特 〉〉〉

墨西哥旅游途中，有一天我们去了当地出了名的西卡莱特生态公园（Xcaret Ecological Park）——与美丽的加勒比海相连的很大的海洋生态公园。我偷偷懒，用Leo哥哥写的游记把那个美好的一天记住。

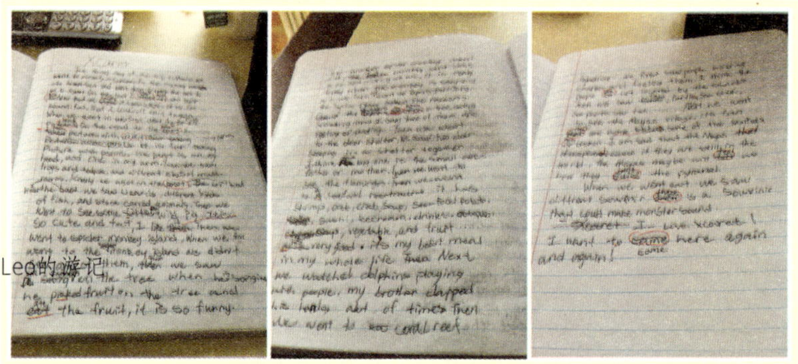

Leo的游记

The third day of the trip to Mexico, we went to Xcaret in Cancun. In the morning we ate breakfast and went down to catch the bus to go to Xcaret. On the bus I slept a lot and Levin too. After that we stopped at Xcaret's gate. It is so beautiful, that I couldn't wait to go in.

When we went in, we first went to ride a boat. On the road to the boat I took pictures with parrots. It is fun taking pictures with parrots. One parrot is on my head and one in my arm. Then we saw frogs and tadpoles, and different kinds of mushroom. Finally we went on the boat, on the

We went on a boat.My Little brother is very excited

boat we saw lizards, different kinds of fish and stone carved animals.

After we got off the boat, we went to see some little wild pigs. They were so cute and fat, I like them! Then we went to Spider Monkey Island. When we first arrived there, we did not see any of them. Then we saw one swinging on the tree. When he was swinging he picked fruit on the tree and ate the fruit. It was so funny. Then another spider monkey went out. That monkey went close to us and staring at us, it was really funny when the monkey was staring at us. Then we went to Tapir's Territory. The tapir really looked like raccoons. One of the tapirs was upon a tree eating something, and I saw two of them were fighting or playing. Then we went to the deer shelter, we saw two deer sleeping in a shelter together. I think the big one is the small one's father or mother. Then we went to see the flamingos. Then we went to a seafood restaurant. It has so much good food, such as shrimp, crab, octopus, crab soup, sea food potato, sushi, ice cream, drinks, vegetables and fruits, it's very good. It's my best meal in my whole life.

Next we watched dolphins playing with people, my brother clapped his hands a lot of times. Then we wen to coral reef aquarium. We first saw people holding sharks and feeding them. I guess the people were not scared by the sharks. Then we saw fish, turtles, sea shells, sea plants, star fish, and so on.

Next we went to see the Mayas Village. It is fun. There are some statues. Some of the statues are broken. I am sad that the Mayas disappeared because if they were still in the world, the Mayas maybe will tell us how they built the pyramid. When we went out we saw different souvenirs. There is a souvenir that could make horrible monster sound. My little brother is very afraid of that.

Leo, Levin and the frog

I love Xcaret! I want to come here again and again.

Coral Reef Aquarium

Sea Turtles

Leo and parrots

尼泊尔旅行建议

尼泊尔旅游开发较早，已经非常成熟了，旅游配套设施比较完善。

尼泊尔的电压是220伏或240伏，插座为两相圆头，请自备电源转化插头。尼泊尔酒店均为欧洲标准，提供24小时洗浴用热水，但不提供一次性用品以及可供饮用开水，如果你需要在酒店房间中泡杯热茶或饮用开水，请出行前自备相应用品。欧式标准酒店在规模上要小于常规中国酒店，特别在奇旺的丛林度假酒店，虽为独栋别墅房间，但内部设施相对简单。当你离开酒店旅游或自由活动时，建议携带酒店名片，以备迷路时使用。

许多情形下，尼泊尔人摇头是表示同意，但这种摇头不是我们通常意义上的左右摆动，而是从左上开始往右下的摆动，所以也说不上是摇头。

自由行VS旅游团

如果不带孩子，或者孩子年纪比较大，体力好，经得起折腾，那么我建议完全可以考虑自由行。参考一下各种路线攻略，和孩子一起计划，将会其乐无穷！

如果孩子比较小，家长自己旅行的经验也不多，那么参团去旅游也很酷。这样会免去很多旅行前的准备事项，也不用担忧异地旅行语言不通。尤其是参团旅游省去了自己找向导、寻找合适住宿餐饮等多种问题。

不能错过的尼泊尔美景

穿梭在喜马拉雅山脚下的这个神比人多的国度，每天都有人微笑着对你说“Namaste”。在这里，有太多可以游览的胜地。除了历史宗教色彩浓郁的文化遗迹，尼泊尔的自然地势将最为多样的景物浓缩在一个小小的区域内。

古老的王宫广场

尼泊尔有8个世界文化遗产，其中3个是古老的王宫广场。

①巴德岗杜巴广场(Bhaktapur Durbar Square)

又称巴克塔普尔，是加德满都三镇之一，位于加市以东约14公里。13世纪至18世纪曾为独立的马拉王国之都。该市素有“露天博物院”之称。这里有长达500年的马拉王朝王宫，包括许多各具艺术特色的宫殿、庭院、寺庙、雕像等，被誉为“中世纪尼泊尔艺术的精华和宝库”。其中的金门和五十五窗宫（The Palace of 55 Windows），以其精美的铜铸和木雕艺术而闻名，是罕见的艺术珍品。离王宫广场不远的尼亚塔皮拉庙，即著名的五层塔，是尼泊尔最高的寺庙建筑。

②加德满都杜巴广场（Kathmandu Durbar Square）

最闻名的建筑是哈努曼多卡宫（Hanuman Dhoka Palace），又名老皇宫。哈努曼多卡意为“猴神门”。加德满都杜巴广场共包括3块空地和50多处建筑古迹。其中的独木庙建于公元8世纪，是加德满都最古老的建筑。传说全庙由一根树木的木材建成。

③帕坦杜巴广场（Patan Durbar Square）

帕坦是加德满都河谷三镇之一，与加市毗连，仅一河之隔。这里集中了很多寺庙，将让你体验到极为豪华的视觉盛宴。具有明显特色的古迹是全部用石块砌成的黑天神庙，被誉为“尼泊尔建筑艺术的奇迹”。

博卡拉

博卡拉东距加德满都市约200公里，是尼泊尔最具吸引力的旅游城市。从城市可向北眺望鱼尾峰。市内著名的费瓦湖群山拥抱。还有如色悌河峡谷、魔鬼瀑布、世界和平塔等景点。

奇特旺国家公园

奇特旺国家公园（Chitwan National Park）是接待游客最多的公园之一，占地900多平方公里。骑大象穿越密林和芦苇荡时，可见悠然吃草的犀牛和在沙滩上晒太阳的鳄鱼。

除了上面几个非常有特色、不容错过的地方，还可以在尼泊尔登山、徒步，抑或是漂流。

2015年4月25日，尼泊尔发生了8.1级地震，造成众多人员伤亡的同时，文化古迹也损毁严重，令人惋惜，就让曾经的游历和照片成为一种悼念吧。

尼泊尔9天行程推荐 >>>

日期	大致行程安排	在哪里住
Day1	飞抵尼泊尔加德满都，好好休息。可以考虑在酒店周边稍稍活动，逛逛小店。	加德满都
Day2	上午，游览著名的加德满都杜巴广场，参观哈禄曼多卡宫（Hanuman Dhoka）；参观库玛丽庭院（Kumari Bahal），幸运的话可以一睹国家守护神——库玛丽活女神的尊容；参观独木庙，加德满都名字根源于此；参观见证了尼泊尔数世纪风风雨雨的塔莱珠女神庙（Taleju Mandir）；参观尼泊尔最大的印度教神庙帕斯帕蒂纳寺（Pashupatinath）。 中午，找一家尼泊尔特色餐厅，在当地人的载歌载舞中，好好品尝尼泊尔的美食。 下午，乘车前往被誉为喜马拉雅最佳观景平台的纳加阔特（Nagarkot）。	纳加廓特
Day3	早起，在酒店的阳台欣赏壮美的喜马拉雅雪山日出。 早餐过后，前往全景瞭望塔。来纳加阔特的游客几乎都是为了观赏喜马拉雅雪山全景，如果能见度好，还能看到世界第一高峰——珠穆朗玛峰。 吃完午餐，开车前往尼泊尔最大的原始丛林——奇特旺国家森林公园，抵达后入住奇特旺特有的村落式酒店。 晚餐后，欣赏塔鲁族传统歌舞表演。	奇特旺
Day4	体验奇特旺丰富多彩的丛林活动：骑大象穿越原始丛林，寻觅稀有的亚洲独角犀牛、难得一见的孟加拉虎、色彩斑斓的孔雀等野生动物；丛林泛舟，观野生鳄鱼；丛林徒步，在向导的带领下在原始丛林中穿行，体验徒步旅行的乐趣；参观小象养育园；走进塔鲁族村落，近距离看当地村民的朴实生活。 天黑前，坐在河边，欣赏长河落日、大象归来。	奇特旺

Day5	早上，睡到自然醒，起床，享受悠闲的度假时光。 午餐后，乘车前往亚洲“小瑞士”博卡拉。 抵达后入住酒店，可趁着美妙的黄昏时分漫步费瓦湖畔。这里也可以租自行车，所以可以选择徒步或是骑车穿行在酒吧和商店之间。	博卡拉
Day6	今天一天都在博卡拉悠闲地度过。 清晨，可以前往萨朗科（Sarangkot），眺望喜马拉雅山安纳普纳段群峰，欣赏令人叹为观止的日出变色美景。 上午，去深不可测的大卫瀑布（Devil's Falls）；在美丽的费瓦湖畔，租条小船，泛舟费瓦湖。 下午，在大街小巷转悠，感受购物、喝咖啡、发呆的各种无限乐趣。	博卡拉
Day7	今天会比较辛苦，睡个懒觉（也不能起太晚哦）。 早餐后，乘车前往加德满都，车程约6小时。 到加德满都后，如果时间允许，可以在晚餐前在酒店周围逛逛。 晚上，建议好好享用特色尼泊尔餐，欣赏传统的尼泊尔歌舞表演，吃印度餐、西藏餐也不错。	加德满都
Day8	今天再把加德满都著名的游览胜地好好逛逛。 游览著名的巴德岗杜巴广场。在这里可以参观五十五窗宫、巴特萨拉女神庙（Batsala Devi）、尼亚塔波拉塔（Nyatapola Temple）。 游览世界上最辉煌的佛教寺庙斯瓦扬布纳特寺（Swayambhunath），该寺散养着3000多只猴子，俗称“猴庙”。 傍晚，在泰美尔街（Thamel）自由活动。	加德满都
Day9	搭乘飞机回国。	

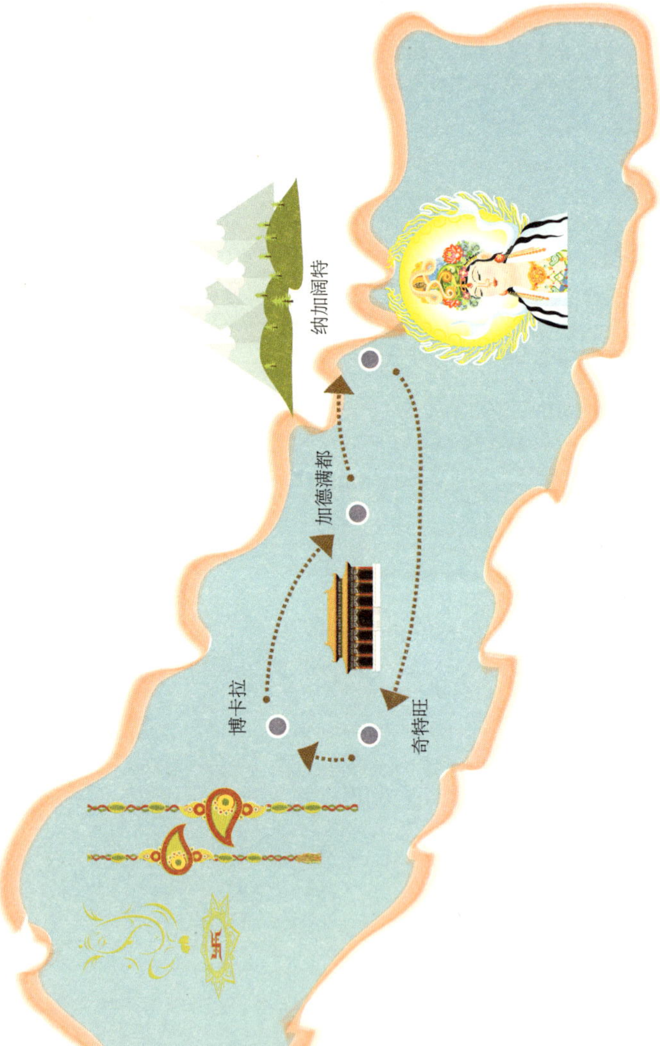
纳加阔特
加德满都
博卡拉
奇特旺

神比人多的古都 〉〉〉

受够了2012年北京春天的漫长煎熬，最终我买了4月初去尼泊尔的票，一张给我自己，还有一张给Leo。收拾好了所有的坏心情，我们俩一同南行，期盼在尼泊尔，感受温暖，还有更多。

2012年4月2日一早，我们搭乘东航班机从昆明飞往尼泊尔首都加德满都。飞机是早上9点55分起飞，结果我们8点就到了机场，只能百无聊赖地等飞机。阳光洒向了登机口的座位。Leo继续着他和“哈利·波特”的交流。看书累了，发现旁边坐着个老外，没事干的Leo

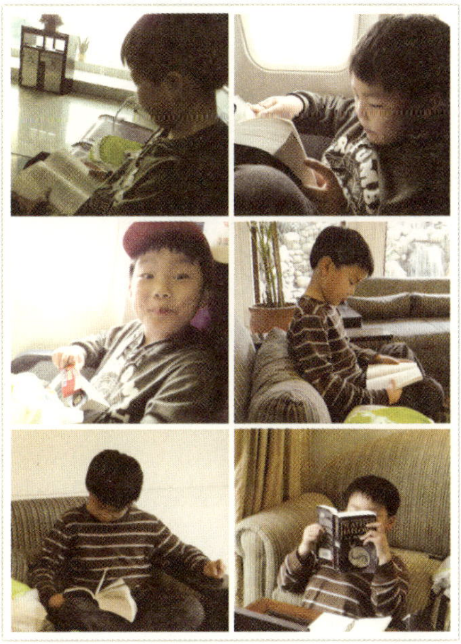

认真看书的Leo

很大方地走上前去聊天。这是一对在中国旅游完，继续亚洲的探险，下一站去尼泊尔的德国夫妇。聊了聊天，Leo又找了个去尼泊尔徒步旅行的叔叔下了一会儿象棋。这点我倒是很佩服Leo，总是很会找乐子，再无聊的时光，也会被他打发得有很多乐趣。

沿途有空的时候，Leo抱着他心爱的厚厚的《哈利·波特》不放。这个年纪的他，对此类魔幻小说极其着迷。在过去的一年，Leo已经把原版的《哈利·波特》从第一本到第七本全部都看完了。

我们这次是跟团游尼泊尔。因为拉扯着孩子，又是第一次去不熟悉的第三世界非英语国家探险，所以把旅行交给了专业的导游。

我们的行程安排大致如此：加德满都——奇特旺——博卡拉——纳加阔特——加德满都。虽然是10天的旅游，但是第一天在昆明，最后一天赶飞机，所以扎扎实实玩的也就8天。飞往加德满都的航程中，我特意为Leo要了个能看到珠穆朗玛峰的靠窗的位子，不过天气很不配合，雾蒙蒙的，我们趴在窗前往下看，可是啥都没有看到。不过还好，让我们欣慰的是飞机没有误点，当地时间的11点多，我们准点到了尼泊尔加德满都机场。尼泊尔的时差很有意思，别的国家相差的都是整点时间，这里别出心裁，比北京晚了2小时15分钟。

加德满都海关不大，只有一层楼，十几个关卡，来自各国的游客都有序地排队等着办理入关。这个位于南亚的小国家，虽然国土不大，但是拥有很多的民族，还有漂亮的大自然，以及悠久的历史，神秘的宗教和文化，所以慕名而来的游客长年不断。

出了海关，拿了行李，在大厅我们看到了正在等待的尼泊尔导游Raju。Raju长得挺帅，高高大大，中文说得不错。

机场就在加德满都近郊，车开出没多久，我们就进了城。加德满都是尼泊尔唯一能感受到都市气息的城市，不过这里的都市气息太呛人，把我们惊到了。加德满都处在谷地，四面是山，所以天总会有些阴，有些雾气。市区到处是灰扑扑、阴沉沉的。加都的房子都有很长的历史，带着沧桑和破败。除了有一条是双行线可以两车并行，其他都是窄窄的只能两车相对而开的小街道。路也不平，坑坑洼洼的，车子颠来颠去地穿街走巷，带着我们去了酒店。

我们的酒店叫加德满都大酒店（The Grand Hotel）。酒店的大楼在加都算得上是高楼了，7层，还有个小花园。酒店的大堂挺干净，服务生也都整洁礼貌，殷勤地帮客人开门提箱子。

放好行李，我们被要求休息1个多小时。大概3点左右的样子，我

刚踏上尼泊尔的土地，Leo在海关就兴奋得不行了

们坐上旅游车，开始在Raju的带领下去游览加德满都。在车上，Raju告诉我们，今天所说的“加德满都”，是指加德满都河谷，其实是由加德满都、帕坦、巴德岗这三个古老的城市组成的。我们的第一站先去看帕坦，与加德满都一水之隔，坐落在圣河——巴格马蒂河南岸，加德满都以南5公里处，是加德满都河谷中的第二大城市。

历史的长河在帕坦古城已经走了1700多年，这里至少拥有上千间神庙。帕坦古城是尼瓦尔族的聚集地，被称为传承了尼瓦尔族文化的美丽之都。今天的帕坦古城依旧人声鼎沸，这中间相当多的一部分是来自五湖四海，被尼泊尔的神秘魅力吸引而来的游客。帕坦有着闻名世界的帕坦杜巴广场，这是尼泊尔的世界文化遗产之一，在世界建筑史上亦占有一席之地。广场上的古建筑大都修建于16世纪至18世纪，都是典型的尼泊尔式建筑。帕坦广场东侧是古老的帕坦故宫，房子排

帕坦古城入口的石碑，在这块石碑后面，就是帕坦杜巴广场，那里有着无数不容错过的艺术和历史瑰宝

帕坦故宫门口的石狮子

列得十分整齐，外观呈长方形，内部富丽堂皇，可以看到很多雕刻精美的柱子。帕坦广场的西侧，有着造型各异的寺庙和院落，它们以不规则方式随意排列着，精雕细琢的露天雕像点缀在广场附近。整个帕坦广场就像一个露天博物馆，金光灿灿，气宇不凡。

广场上总是聚集着很多的鸽子。Leo喜欢冲向它们，惹得它们乱飞。很多当地的小孩子和Leo一起玩着逗鸽子的恶作剧。看着这群下午三四点钟不在学校待着的孩子们，我不禁纳闷，他们都不用去上学的吗？抑或，他们放学早，但是没有作业要写吗？

漫步在迷宫般的小巷及四通八达的内院中，我们第一次感受到当年尼泊尔建筑艺术的奢华与复杂。看得乱了眼的无数精雕细琢的雕刻，我们开始渐渐感悟出古代尼泊尔人对神的无限敬仰，他们把对神的崇拜和热衷毫无保留地体现在对艺术完美的追求上。

帕坦当地人喜欢坐在高高的石阶上，晒太阳，拉家常，看报纸，发呆

在广场的一角，有一群在洗水池边取水的人，水资源短缺一直是尼泊尔人揪心的生存状态

我们临走的时候，突然下了一场阵雨。古老的宗教建筑在阴暗的天色下，滴答的雨声中，更加神秘神圣。

傍晚时分，我们去晚餐。车子开在下过雨的加德满都街头，这一路，我们目睹了尼泊尔的典型交通，毫无章法可言。公共汽车里全部塞满了乘客，没有关得起来的车门，也没有不坐人的车顶。车顶不但能坐人，还能放牛啊羊啊之类的。我们瞠目结舌地接受着双眼带给我们的惊讶。我们的车走街串巷，最后到了一条窄巷里的饭店Nepal Chulo，这是一家专门接待外国游客的特色饭店。和我们刚才看到的街景大相径庭，还没有进门，站在门口就感受到它不一般的奢华。

看多了加德满都破败的街头，步入这家餐厅，有点惊艳。饭店内部的装修是典型的印巴特色，进了大门后，里面有个不是很大但是很美丽的小院落，两层楼的四合院绕了小庭院一圈。屋里楼上楼下很多

雨中的古老建筑

间大小包间，里面干净整洁地摆放着很多餐桌。

大家都坐定后，晚饭开始了。地道的尼泊尔晚餐一道一道地送上我们的餐桌。在包间的一角，是个小小的舞台，当地的尼泊尔人载歌载舞地为我们的晚餐助兴。先上了一碗豆汤，配的是一段尼泊尔特色双人舞，一男一女跳得有点搞笑，但是演员跳得很卖力，所以我们还是送上无数掌声。接着上来一道带了辛辣作料的土豆块。这时来了个很娘的男人，着装极为隆重。随着音乐声，他扭动着粗壮的腰杆，胖胖的手指做出兰花指状，妖艳地蛇舞了好一会儿。过了好久上来了出名的尼泊尔MOMO，就是尼泊尔人的饺子。它的外形类似上海的汤包，咬上一口，里面的肉馅还挺香。又过了好一会儿，每人分到一个大铜盆，这是尼泊尔人吃饭用的大饭盆。我们猜想主菜快来了。果然，不一会儿，几个服务员端来盛着不同菜肴的大菜盆子，上来分主菜，每样饭菜都是一勺一勺地给，有米饭、菜花、咖喱鸡块、炒包菜、青菜（后来几天，每到饭点，几乎都能看到它们的影子），味道还可以，不是很好吃，也不能算难吃。Leo也算吃得不错。最后配着主菜上演的是假孔雀的歌舞，就是有个人钻在假孔雀的肚子里扭来扭去。孔雀的舞技笨拙得可爱，Leo被逗得咯咯笑个不停。

就这样，我们在尼泊尔充满新奇地过了第一天。尼泊尔人给我们的印象是友善的、平和的、从容的。这里看不到现代的节奏，却不乏满足的笑容。

从加都到塔鲁族小村落 〉〉〉

到尼泊尔的第二天，早上我们6点多起床，直奔加德满都的老皇宫杜巴广场。这是来尼泊尔旅行必定参观的一站。选择一早去是因为导游Raju说，这样可以让我们看到更原汁原味的杜巴广场。去晚了，各类人等就太多太杂了，真实的杜巴广场的景象就会打折扣。事实上，原汁原味的杜巴广场把我们每个人都吓了一大跳。

车子停在了离广场步行大约5分钟的地方。我们下了车，步行穿过小街去广场。昨天下过雨，坑坑洼洼的小街有不少积水，加上小街到处散落着垃圾，我们不得不看着脚下，拣干净的地方走。天还早，但是小街上的路人已不少了。有人头顶着装菜的大箩筐，疾步从我们身边走过；还有不少自行车或是三轮小汽

卖门票的地方

老皇宫杜巴广场

车运送着蔬菜水果，往来在我们周围。Leo好奇地看着他们，我也纳闷儿，怎么菜农都要经过这里？到了广场，看到各路小贩随意地在广场路边打上地铺，摆摊做生意。原来，杜巴广场不仅是记载历史长河中宗教艺术的殿堂，还是现代尼泊尔人热闹的自由市场；这里不仅有世界各国的参观者，更多的是随意摆摊的当地人。

我们在导游的带领下，进入广场。因为广场是开放式的，所以虽然是购票景点，但是它的卖票窗口很不起眼，完全被淹没。后来是因为有人来查我们是否买了参观广场的票，才发现了这个不起眼的卖票亭子。

云集在杜巴广场的都是加德满都最保守、最辉煌、最有价值的建筑。我们先到了“独木庙”。其实这是一座不太起眼的塔庙式老建筑，因为它是公元12世纪时用一棵巨树的木料建成的，所以出了名。在杜巴广场上，比“独木庙”更为华丽的建筑还有很多，这个宫那个庙，名字都因不太好记而没有记住。

9层高的神庙

广场最引人注目的要算这座有9层高的神庙。当年的国王站在神庙，察看当地百姓是否

各种菜摊

能家家升起炊烟。不过，现在尼泊尔已经没有国王了，是民主共和国了。

广场即市场。看到卖香蕉的，Leo想吃，我们一起去买。尼泊尔人卖菜不按斤两卖，他们把菜分成一小堆一小堆，然后论堆或是论个数卖。我花了40尼泊尔卢比，买了12根小香蕉。当天的汇率是1：12，所以才合人民币3块多，相当的便宜。小香蕉的味道还不错，不是很甜，微微带点酸。

在当地人流和车流中穿行，听着广场上商贩大声叫卖，看着机动车和人力车往来穿梭，时间在不知不觉中流逝。置身于这些有几百年历史的建筑群中，看着路边走过的苦行僧，台阶上睡懒觉的狗，停留在广场中央的牛，还有鸽子，就好像是没有改变的久远的画面，一眼看千年。

Leo一脸严肃地和苦行僧拍照

参观完了广场，我们回到酒店，吃过了自助早餐，8点又一次上车，离开加德满都前往奇特旺国家森林公园。奇特旺国家森林公园是著名的世界文化遗产，是印度和尼泊尔之间丘陵地带为数不多的未遭到破坏的自然区域，更是世界上罕见的亚洲独角犀牛的栖息地和孟加拉虎的最后栖息地。

度假村的美景

车子开了有5个多小时，大约下午1点多钟，我们到了奇特旺。这里是典型的热带气候，正午的温度近30℃。我们入住的酒店是很有特色的度假村，好似一个大公园，有个大大的草坪，里面有供客人休息的大凉亭。草坪上有几棵大树，在两棵稍大的树之间挂着睡床，还有秋千。围绕着草坪的是三排两层的小楼，是客房所在。每间客房都有阳台，可以俯瞰花园的景色。

午餐完毕后，我们又一次被要求休息2个小时（我感觉可能当地人有午睡的习惯，所以中午都歇着了）。Leo没有午睡的习惯，百无聊赖地在花园里荡秋千，躺在睡床上看书。我没有管他，进屋收拾。等我再次出来的时候，Leo居然已经拉来了几位还没有混熟的同行的叔叔阿姨，坐在花园的凉亭里打上了牌。这里特别感谢一下旅行中认识的两对上海小夫妻（其中一位现在已经成了Leo的上海干妈了）。他们在旅途中帮我照顾Leo，陪他玩儿。所以，虽然比起以往在发达国家度假的好日子，这次的旅行的确有点艰苦，但是因为旅途中有了这几位大朋友，让我家的小朋友每天都乐呵呵的。我也刚好趁此机会，告诉Leo有朋友是件多么快乐的事，学会交朋友对他的一生有多么重要。

下午4点半，太阳西斜，天也凉快起来。我们在导游的带领下，

Leo拉来还不熟的叔叔阿姨在凉亭里打牌

走向乡间小路，去参观当地塔鲁民族的小村落。据说塔鲁族至今还保留着一些母系社会的传统习俗。我们在塔鲁村子里，看到的女人的确比男人多。这里村民的生活并不富裕，房子大多以泥土和象草搭建而成，低矮简朴，里面是简陋的生活设施。不过，塔鲁女人们身上艳丽的服饰，给老旧的村庄添上一丝色彩。

这里每天都有游客来参观，所以塔鲁人早已习以为常，冲游客微笑后，继续埋头干自己该干的活。倒是那些无所事事的动物，跟前跟后地围着我们转悠。

我们一行人碰到了一个好可爱的塔鲁族的小弟弟，给了他很多糖果。小弟弟拿不下，兜在衣服里。在村落里，我们见到的塔鲁人，从老人到小孩，都神态平和，看上去幸福指数很高。这里的原始

Leo和塔鲁族小弟弟

生活和人们纯真的眼神让我沐浴到久违的质朴。质朴的塔鲁人至今过着“日出而作、日落而息”的简朴且与世无争的日子。

我们沿着村庄的小河边走，沿路观赏到各种各样的鸟类在河边、林中飞翔和啼鸣。更刺激的是，有条鳄鱼就在不远处安静地伏在河滩上。它很安静，一动不动地待着，远看没有一点儿攻击性。

村庄里绿油油的田野

小河的水面显得异常平静，河边近水处是一片片的芦苇，芦苇荡里有归航的独木舟，一派静谧、祥和的景象。这时，看着天边的落日，我突然觉得，不管有多少财富，能在这样的地方与世无争地看日落，看夕阳，生活就是幸福的。

悠闲地看过了塔鲁人的村落，我们走回酒店，这时的天已经在不知不觉中变黑了。酒店门口的小广场上，不知何时摆了一大圈椅子，塔鲁族的歌舞表演就要上演了。在皎洁的月光下，我们欣赏着原生态

猜猜Leo身后是什么？大麻！自生自灭地生长在乡间的大麻

一群孩子正在玩足球，Leo去凑了热闹，并把糖果分给他们

的舞蹈，被每个舞者的投入表演所吸引。只是这个时候周围无数的蚊子围攻我们，我们只得赶着蚊子，看着节目，同时在脑海里开启了对于第二天骑大象、开着吉普车进到森林深处的期待。

尼泊尔丛林遇险记 〉〉〉

到了奇特旺的第二天，有两个大活动：上午骑大象，下午坐吉普车。早上我们骑着大象，看到了很多大自然的活色生香，真是一段奇妙而且优哉的时光。但是，这天下午，我们在森林里被过度刺激了。

这天午餐过后，我们参加了奇特旺森林吉普车之旅。上午骑着大象到的地方只是森林的边缘，只有吉普车才能带我们走进森林深处。吉普车之旅收费每人50美金，尼泊尔的团队游相对悠闲，如果不坐吉普车，下午就无所事事，只能睡觉休息了，所以所有的团友都报名去坐吉普车了。

前往吉普车的基地我们得先过河。一条不是太宽的河流把奇特旺森林和村庄隔开了，是道天然的保护屏障。有了这条河，森林里的野兽就不会轻易跑到人多的村庄，村民可以过得安全些。在河边，我们上了独木舟，船是将一棵大树的主干挖空做成的，极其简易，也有点简陋。船身很窄，里面也没有椅子可以坐，我们排成一排，每个人都扶着船舷，保持着半蹲的姿势，由船工撑船将我们摆渡到了坐吉普车的对岸。

树林边停放着好几辆吉普车，和我们想象的完全不一样，都是年代很久远的老式吉普车改装的，蒙着厚厚一层土，灰扑扑的。车头保持了典型吉普车的样子，但是除了驾驶员和副驾驶的位子，后面就彻底敞篷了，而且除了左右两边固定着的让游客坐的老旧的长条椅子，

竹竿关卡

就只剩四周的几根防止摔下车的铁栏杆了。每辆车差不多能载7名游客，副驾驶坐1个人，后面的敞篷处可以坐6个人。Raju给我们14个人安排了两辆吉普车，每台吉普车配有司机和森林导游各一名。Leo很喜欢和上海来的两对年轻的叔叔阿姨混，我们就和他们一组，6个人坐在了后面的敞篷处。全员就坐好之后，吉普车突突突地发动了，声音很大，好像是台拖拉机，这给森林探险增添了些许刺激。我们的吉普车开出了大路，然后转向另一条小路，向着丛林深处行进。路越来越窄，两边的树林变得高大茂密，让光线暗淡起来。

车开了一会儿，我们停在了一个极其简易的关卡口，道路被一根横着的长竹竿挡住了。交过买路钱后，横着的竹竿竖起，放我们入关。入关后，我们就算正式进入原始森林了。

车开在森林里的小路上，四周都是茂盛的草丛和灌木。广袤的

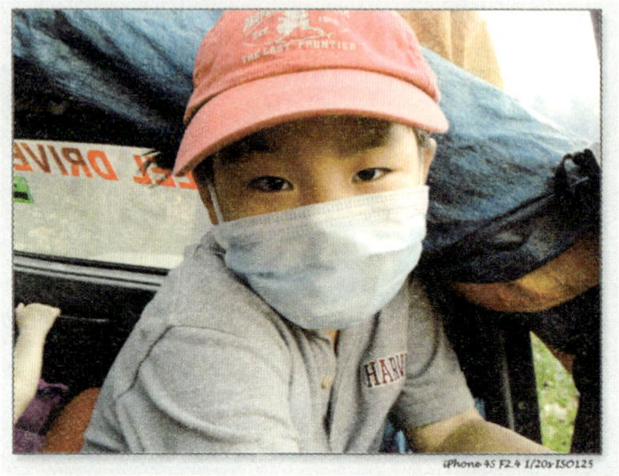

为了少吃灰尘，Leo戴上了口罩，沿路卖萌装酷

森林孕育着传承已久的生命。吉普车飞速前行，一股探险的气息扑面而来。夹杂着灰尘的风从脸颊边猛烈地划过。Leo很兴奋地对我说：“妈妈，我想到了一个成语，风尘仆仆。”好吧，活学活用得不错。但是，我立马给自己和他戴了口罩，感受风尘仆仆就好了，灰尘就不要吃太多了。

到了真正意义的原始森林，除了感受氛围之外，最重要的就是看野生动物了。我们一个个伸长了脖子，瞪大了眼睛，可满眼除了树木就是草丛，幸好森林导游对环境非常熟悉，能在第一时间发现野生动

孟加拉虎的脚印，旁边并排有人的足迹，是有人遛老虎吗

在极其颠簸的吉普车上还能呼呼大睡的Leo

物，并停下车来指引我们观看。不过，即便这样，我们也没有看到几只动物。一只野猪、两头梅花鹿、两条鳄鱼，还有几只是我没有看见的猴子。这里最出名的孟加拉虎，是需要碰运气才能遇上的。当然，不是人人都愿意碰上这种兽中之王的。听车上的导游说，当天的上午，有一个16岁的当地村庄的男孩，在森林里被老虎咬死了。在我们这6个人的唏嘘声中，导游发现了孟加拉虎的脚印，把车停了下来，让我们看仔细。

森林的路况很差，不平且很窄。除了刚开始的十来分钟看到动物踪迹，之后我们四周很久很久都没有动物的踪迹。老爷车吭哧吭哧地颠簸前进，我们都被颠得七荤八素。Leo居然在如此晃荡的路上睡着，让我们佩服无比。

车上的位子极其不舒服，长条椅很窄，屁股都坐不住，有时候一颠簸，就被颠出位置，所以手还得紧紧地抓住车上的铁栏杆，以防被晃出去。我的另一只手还得护着呼呼睡的Leo，实在有点辛苦。我们的行程是开到森林深处的鳄鱼养殖园参观，然后返回。被剧烈地左摇右晃了一个小时，什么动物都没有再看到之后，我问导游，还有多久到此行的目的地。被告知还有一个小时，我不禁有点后悔参加这次吉普车之行，实在有点花钱买罪受了。同行的汪小姐、马小姐也有同感。我们都大呼，好悲催的森林吉普车之旅啊！在无聊而且辛苦的途中，我和大家分享“锅底法则”——人生就像一口大锅，当你走到锅底时，无论朝哪个方向走，都是向上的。吉普车探险应该是我们此次

鳄鱼养殖园

旅行最吃力、最不享受的活动了，所以不管接下来是什么活动，都会比它让我们轻松快乐的。汪小姐说："再来点暴风雨，就更完美了。"后来想想，汪小姐啊，以后哪里祈雨，该找你啊！

我们总算左摇右晃地被颠到了鳄鱼养殖园。这里养了很多鳄鱼，按照品种圈养在封闭的人工水塘里，每个区域都竖着说明牌，告诉人们这类鳄鱼的品种名称和生活习性。鳄鱼都很懒，躺在那儿，基本不动，也不抬眼看我们。我们有点失望，觉得没啥可看，逛了一圈就出来了。

在鳄鱼养殖园外的游客休息处，我们稍作停留，就登车原路返回了。回程同样很无聊，没有看到动物，我们除了更加失望，也更累了。与我们同行的另外一台车在我们前面停了下来，原来，没有拍到期待中的野生动物，几个摄影爱好者只好就着天边稍稍有点色彩的云彩，拍拍森林里的风景了。

拍完照片，收拾好摄影器材，我们继续上路。车没开出多远，就感觉有雨滴从天而降。抬头看看天，天边的乌云夹着雨，像一道黑色的纱幔，缓缓地拉过来。我们打趣着说汪小姐真真是张乌鸦嘴。雨势开始不大，我和Leo都有帽子挡着，还不太感觉得到。导游很轻描淡写地说："Just a thunder shower！"是呢，森林里下点雷阵雨是再平常不过的了。车子继续开着，我们谁都没有当回事儿。渐渐地，也就大概5分钟的时间，云层开始越变越暗。才下午三四点钟的光景，已经和傍晚的天色差不多了。风也起了，肃穆的林木摇曳起来，雨从刚才的零星点点变成了噼里啪啦。Leo这时还傻兮兮地说，好玩好玩，刺激刺激。不一会儿，我们的衣服都被淋湿了。不幸中的万幸是，我们这台车的敞篷处还有遮雨布。导游和司机把雨布展开，但是雨布不

这时是下午3点多钟，天的右边有些稍暗的云，这乌云预示着大雨的来临，只是我们还全然不知，就知道拿着长枪大炮对着那里一顿狂拍

能完全遮挡车厢两侧，留了好大一块空隙。我们都还有一半身子露着，哗哗的大雨从空隙往我们身上浇。不过，比起我们同行的前一台车，我们还是幸运的。那台车才是真正的赤裸裸的敞篷车——他们连遮雨布都没有，只能任凭大雨从天而降，直接冲洗敞篷处的每个人。由于没有遮盖，他们的车只能停在原地，因为如此大风加大雨是会让人生病的。

我们的车子又开了一段。突然，有了闪电，厚厚的云层那里传来雷声。狂风大作，呼呼地愤怒地抓住树干，死命摇晃，树木被风吹得东倒西歪，仿佛要被连根拔起。天边传来一声又一声的炸雷，划破长空，似乎要将天空撕成几片。天上像决了口的大堤，雨水飞流而下，宽大的“水帘”使我们看不清前方的任何东西。这时，我们的车子也只能被迫停在路边，哗啦啦的雨声使人越来越心烦意乱。垂在车子两侧的雨布不停地被风吹起，我们不得不用手扯着它，让它阻挡雨水冲向我们。可即便这样，雨水还是横冲直撞，争先恐后地向地我们狠狠“砸”来。我们所有人都在很短的时间内从里到外湿透了。刚才还傻乐的Leo，这时安静地靠紧我，一动不动地坐着。小家伙还算体贴，不时帮我拉雨布，让我的手可以稍稍休息一下。

突然，我们扯着雨布的手被什么东西狠狠地砸到，好痛啊！“屋漏偏逢连夜雨”，我们遇到冰雹了！我也算是见过冰雹的，但是长这么大真的没见识过如此的阵势。大如鸡蛋的冰雹噼里啪啦地砸向我们，头顶的遮雨布直往下坠。小马还有她老公小陈拿着水瓶子撑着遮雨布，防止它从中间部分往下掉。小汪和她老公老张（Leo亲爱的辫子叔叔）和我一起扯着遮雨布的边，又不敢扯太紧，怕雨布中间被巨大的冰雹砸破。大大小小的冰雹落到地上真是可以用激起千层浪来形容了。我们所有的人顾不上全身淋湿，只希望遮雨布能挡住大冰雹，别让我们被砸着。

渐渐地，这场冰雹变得温柔了，变作一颗颗白色颗粒轻轻落下来，然后小冰雹又渐渐被暴雨取代，后来暴雨也渐渐变小了！我们呼了口气，觉得天要变好了。可是，哪想到，不到5分钟，也就是我们才喘了口气的工夫，大冰雹又继续从天而降。导游说，这雨和冰雹可能还要反复几回，持续很长一段时间。我们大家的心都凉了，而且我们都已经冻坏了，我的双腿开始不停地打哆嗦。我和Leo紧紧挨着，互相取暖。我们又累又担心地继续撑着拉着雨布。小陈对他老婆小马说：“找找书包里，好像有雨披。”小马还真从包里摸出了两件包装都没开的新雨披。我好羡慕这个细心的上海男人，准备得太周到了。接下来的几句话，让我感动得差点哭出声。只听小陈对小马说：“你赶紧穿上一件，另外一件给Leo。”我接过雨披，哆嗦着（一半是感动，一半是冻的），赶紧给Leo套上雨披。

我们手撑着雨布，浑身湿透着坐在车上。就这样过了好久，雨又一次渐渐地小了。老张指着车外不远处说："那里是兵营，和导游商量商量，我们趁着雨小冲进去躲躲。"导游没有意见，我们跳下车子，向着兵营狂奔而去。在奇特旺森林有好几处兵营，后来才知道，他们主要是为保护森林里稀有的孟加拉虎而设立的。兵营早已挤满了人，而且没有电，一片黑乎乎的，有间房间点了蜡烛，士兵在分毯子，我们挤了进去。毯子有限，好不容易我们争取到两条毛毯，我和Leo一条，小汪和小马一条，两个男人说什么都不要毯子，让我们几个好好暖和暖和。关键时刻，伟大的男人把什么好的都留给了女人和孩子。我对他俩欣赏又感动。借着机会教育Leo，要向两位好叔叔学习，做个真正的男子汉，学会保护照顾好身边的女人和孩子。

在兵营待了一会儿，森林导游的手机有了信号，联系到了我们的另一辆车，两辆车决定趁着雨小，天还没有漆黑，赶紧出森林。如果再待下去，我们晚上只能全身湿透地在兵营里过夜了。我们上了车，我套上了雨披，Leo钻到雨披里，紧紧地抱着我。小陈把湿衣服脱了，光着上身，他老婆小马说："你也到雨披里面，暖和点。"小陈说什么也不肯。光着膀子紧紧抱着穿着雨披的小马，很大男人地说："就这样！"小汪和老张面对面相拥坐着，小汪趴在老张大腿上，老张一只手紧紧抱着她，另一只手拉紧栏杆。我们三对男女，互相依偎着，等待出发。

不争气的车子在这个时候竟然不给力，发动了半天还没有打着火。我们的心又凉了。司机跳下车鼓捣了半天，车子总算开动了。雨还在下，不过不是太大了，中雨。可是，路况很吓人，满地的冰雹被我们的吉普车碾过的时候发出咯吱咯吱的声响。道路十分泥泞，车子左摇右晃的，不停地打滑，相当的恐怖！到了一处没有砾石铺路的地方，我们的车子彻底陷入了泥坑，怎么发动都出不来。两个上海男人二话不说，跳下车，把车子推出了泥坑。车子出了泥坑，发动后，继续以极快的速度前行。这时，司机只要方向盘稍微往旁边多打出一点儿，我们就有翻车栽到路边沟里的可能。Leo很配合，不添乱，抱紧了我，一声不吭。我们每一个人都提心吊胆的，默不作声地抓紧栏杆，忐忑着期盼安全开出森林。

不知开了多久，我们终于看到了森林出口的吉普车基地，大伙都松了口气。车停稳后，我们摸着酸痛的双腿，下得车来。不过，接下来还有一项挑战，我们得渡河才能回到村子。从吉普车站到渡河处，还有坑坑洼洼一大段路。老张心疼Leo，把Leo一路抱到了河边。独木舟已经在等我们了。我们6个人有序地登上独木舟，每个人都蹲着，双手扶着船舷，大雨继续滂沱着，给人一种极不安全的感觉。大雨还伴着大风，只要有人在船上晃动身体，船就会剧烈摇摆，所以我们每个人都尽量保持平衡，任凭大雨哗哗地下，努力做到纹丝不动。好在河不是很宽，我们不多一会儿就到了岸边，看到了冒雨在河边等了我们3个多小时的尼泊尔导游Raju和我们的北京领队小李。他们是下午3点半左右得知森林天气大变的，从那时起，就打不通我们任何一个人的手机，只能打着伞到河边来干等。好在，总算等到了我们，所有人的安全返回让他们如释重负。

回到酒店，Raju花了2400尼泊尔卢比的大价钱，买了3只土鸡炖鸡汤给我们补补。2400卢比相当于200元人民币，尼泊尔人均收入一个月也才50美金（300多元人民币），所以绝对算大手笔了。能干的上海男人老张下厨房指导当地厨子熬鸡汤，煮姜茶。我们回房间后赶紧洗了个热水澡，换好干净衣服到酒店的餐厅相聚。没多久，鸡汤、姜汤好了。我们喝着鲜美的鸡汤，还有御寒的姜汤，心有余悸地一同回忆刚才的历险记。

我们全团每一个人都在遇险的途中被雨淋得浑身湿透，被冻得不行。但是，喝了这热气腾腾的姜茶后，我们居然都没有生病。

经过这一天的折腾，补过身子的Leo回到房间倒头就睡着了。这次丛林遇险，小哥哥临危不惧，临危不乱，不给我们添一点儿麻烦，自己能干的事都自己干，还帮助我们大人拿东西，拉雨布，极其听话，表现一级棒！这次的吉普车森林奇遇，让我们收获了太多的惊险和刺激，也让我们收获了人生中的生死之交，更让我们知道自己身边的男人有多好。汪小姐和马小姐的男人是她们自己找到，而我的是我自己生的。

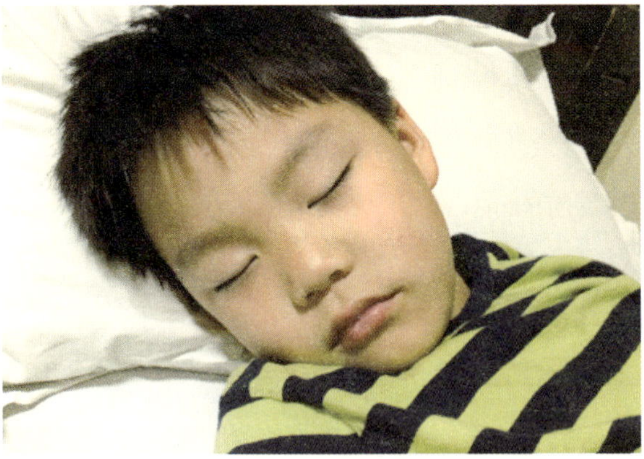

回房间就倒头
大睡的Leo

雪山脚下的博卡拉 〉〉〉

奇特旺丛林遇险第二天，阳光明媚，鸟语花香。我们在雨后的花园里享受了一顿丰富的早餐后，继续上路，前往博卡拉。博卡拉在加德满都东边，距离奇特旺并不是很远。但导游告诉我们，沿路许多地方是山路，加上这里的高速和中国是没法比的，所以虽然是走高速，也得开好一会儿。果然我们从上午8点上车，直到下午1点多，才到了尼泊尔的“小瑞士”博卡拉。

高速公路和收费站

右面两张图的上图是尼泊尔的高速公路，下图是高速公路的收费站。是的，你没有看错，就是那么简陋。高速公路是中国人修了一段，印度人修了一段。人家尼泊尔导游说了，中国人修的

湖水和雪山

那段就是比印度人修的好！鼓掌！

博卡拉位于尼泊尔中部喜马拉雅山南坡山麓的博卡拉河谷上。这里有山有水，是一个被雪山环绕的宁静、平和的小镇。加德满都及周边的古城以人文景观为主，博卡拉则以自然景观为重。在这里，安纳普尔纳山脉的终年积雪和美丽的鱼尾峰是相当出名的。山下是绿波荡漾的费瓦湖，在阳光好的日子里，波光闪闪的湖面能看到雪山的倒影，一派宁静的山水相依。

我们入住的酒店就在湖边，里面流水小桥、鲜花佛像，正是我喜欢的尼泊尔情调。酒店附近沿街有很多独具风格的餐馆和酒吧，除了西餐、尼泊尔餐、韩国餐，中餐也有一席之地。很多餐厅播放着欧美最新流行的音乐。

刚到的下午，我们去著名的戴维斯瀑布看了一眼，真的，一眼也就够了。4月没有太多的雨水，所以瀑布水量特别小，更别提传说中飞溅的瀑布水雾了。又因为当天是阴天，没有太阳，所以也没有阳光照射后折射出的光芒。

参观完瀑布，接下来还有两个多小时，算是自由行——在小镇的商业街闲逛。商业街是博卡拉的老城区，是当地人生活的地方。这里有喧闹而原始的店铺，熙熙攘攘的人群。叫卖声，从街头嚷到巷尾，热闹非凡。这里的购物环境与加德满都的购物街道泰美尔区相比，绝对算是优质。你尽可以在这里慢慢地转悠，随意地砍价。中国人在这里很受欢迎。店铺老板看到中国客人都会笑脸相迎、相送。

我们和Leo刚认的干妈还有辫子叔叔一起逛。走到一家卖地毯的

沿街随处能看到中国方块字，让我们觉得很亲切

“小飞的店”，门口的中文字招牌分外显眼。Leo的干妈和我边看边交流，怕聪明的尼泊尔人听得懂中文，还留了个心眼儿，用上海话在一边嘀嘀咕咕，商量是否比酒店门口那家便宜。谁曾想，店主过来，用上海话大声告诉我们：“阿拉戈的最便宜啦！”好有才！看在他们为了做生意，勤学苦练多国语言和各地方言的份上，就地下手采购。在挑毯子的过程中，Leo在一边和店小二打打闹闹，店小二一个劲儿地向Leo讨口香糖吃，Leo说：“给你可以，那你给我妈他们便宜点！”Leo的辫子叔叔不愧是艺术人，在他的指点下我们淘到了极富

小飞的店

有当地风情，又能摆放在家里的尼泊尔手工毯子。

“小飞的店”的招牌很大，还挂着好大一个横幅，用中文俏皮的网络语言招揽中国客人。“小飞的店”里放着小飞爷爷的照片，老人是家族企业的创始人，德高望重。

尼泊尔姑娘的长裙很是妖娆，五颜六色，鲜艳却不俗，配着尼泊尔姑娘安静如水的双眸，陪衬着她们深棕光洁的皮肤，有着无限的民族风情。我个子不高，怕穿出睡衣的感觉，所以没买，但还是多看了几眼这些犹如鲜花般缤纷的长裙，才扭身作罢，继续往前去血拼。我抵挡不住尼泊尔茶叶的精致包装，一下买了好多。Leo为自己选购了一顶很炫的小帽。老板开价400尼泊尔卢比，Leo上来就拦腰杀价到200卢比，老板开头不干，说砍价砍得太过了。最后，Leo死缠硬磨，告诉老板是自己掏钱买，总算成交。戴上后，相当的有范儿！好眼光！最后我和Leo买了三大袋子的东西，Leo很乖，帮我一起拎，还有他的

Leo超级喜欢这里的帽子，试戴了一顶又一顶。最喜欢的是右边照片上的小鸡造型的帽子

干妈也很给力地帮忙，我的手才没有被重重的袋子拎断。

因为第二天一早要爬山看雪山日出，所以晚上我们早早睡觉，养精蓄锐，期待第二天的日出。第二天，我们5点半起床，带着蒙眬的睡眼，坐车奔向桑冉库特（Sarangkot）看雪山日出，这是博卡拉观看喜马拉雅日出最好的地方。

车子带着我们到达了专门看日出的半山腰，然后我们继续向上步行了一会儿，到了一块高地，那里已经聚集了来自世界各地的人们。大清早的山上，还是很凉。大家裹紧了衣服蜷缩着身体，迎着黎明前猎猎的寒风，等待着一轮红日从东方冉冉升起。也不是每天都能看到日出，运气取决于云层的厚度和当天的湿度，以及太阳的光照强度。我们等待着，期盼着。每个人都守着自己的“长枪短炮”，严阵

喜马拉雅山的日出

以待。漫长地等待了30多分钟，天边才算有了变化，渐渐泛出一缕曙红。太阳披金挂银、若隐若现地藏在厚厚的云层后面。然后，我们眼看着它，一点点、一点点地推开它面前的云层。当太阳流连在云层里的时候，它给大朵的云彩镶上了耀眼的金边。在太阳最后跃出云层的那一刻，漫天的云彩顿时都沐浴在灿烂的阳光下。喜马拉雅山的夜幕被看不见的手轻轻地、轻轻地掀起，慢慢地露出了雪山清晰的背景。远山不再缥缈朦胧，它们婀娜地舒展在我们的眼前。层层山峦、座座峰巅随着初升的太阳，披上了华美的外衣。

在漫长的等待中，Leo戴着在尼泊尔才买的帽子和围巾，拿着我的iPhone，对着摄像头做了很多古怪搞笑的表情，自娱自乐地自拍。同行的游客送了他一个封号——“表情帝”。

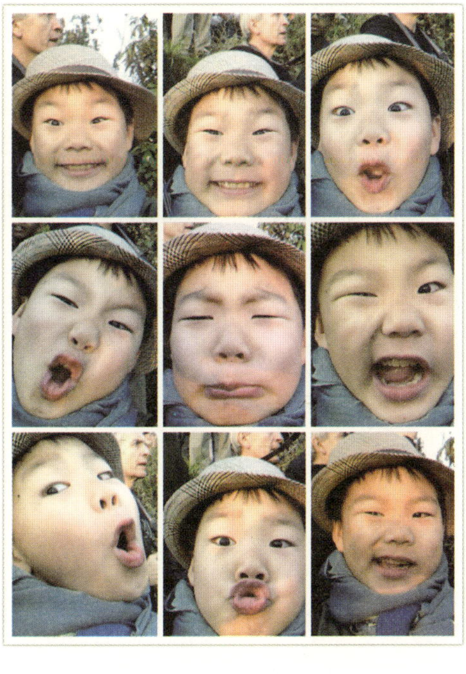

Leo的百变自拍

帅帅的Leo，正准备上船

看到了终年积雪的喜马拉雅山的日出，我们每个人都心满意足。要知道，有多少人没有这样的运气呢！从山上下来，我们去了费瓦湖泛舟。博卡拉群峰林立，如屏风一般环绕着山峦间那个迷人的湖泊——费瓦湖。清澈的湖水来自喜马拉雅山融化的雪水。费瓦湖边停有一排色彩鲜艳的小木船，出租给游客泛舟湖上。我们四个人坐上了一条鲜艳的蓝色配着黄色的木船。坐好以后，船工撑着篙，将船划出码头。我们坐着小船，荡漾在水面，抬头看湛蓝的天空，还有那一朵朵的白云，这些都是在北京不多见的景色。

坐在船上，可以看到远处那终年积雪的安纳普尔纳峰和鱼尾峰。鱼尾峰是安纳普尔那山脉中一座神秘的山峰，因为形状酷似鱼尾而得名。在尼泊尔人心目中，鱼尾峰是一座神山。我们看着清晨晨曦中鱼尾峰展开她那最美的容颜，并为之感到惊艳。

美丽的鱼尾峰

我们坐船驶往湖心岛，在船上，品味着费瓦湖的宁静。我们遇上了好天气，阳光灿烂，湖面上倒映着终年雪白如玉、造型壮丽的鱼尾峰等雪山山群。

不一会儿，小船到了古木成荫的湖心小岛。岛很小，中央有座银白色的印度庙宇。导游说，这是印度教的瓦拉喜金庙，但是无神论者或异教徒不准入庙。庙前小小的广场上，很多鸽子飞来飞去，庙门口有两只铜雕神兽，几株古树。我们站在门口看到信徒正在祭拜神灵。对神的敬爱已经渗透到尼泊尔人的血液中，一辈子不离不弃。每个从庙里出来的信徒，脸色都有一抹微微的柔和。

从小岛下来，我们去了紧邻湖南岸的曾经是尼泊尔国王的行宫。它的地理位置特别好，不露声色地坐落在湖边的一块平地上，四周有高高的大树将其包围。在行宫可以随心所欲地享受旖旎的湖光山色。行宫有专门的码头，码头台阶两边满是绿树和鲜花，将通向行宫的小路装点得好美丽。行宫里好安静，听得到鸟叫，闻得到花香。我们坐在草坪上，看着上蹿下跳的小松鼠，久久不想离去。

看过雪山日出，游过明媚阳光下的费瓦湖，一个上午就这样不紧不慢地过去了。下午是自选活动项目：滑翔伞。在博卡拉，只要你想，只要你有勇气，你可以像鹰一样自由地飞翔。我几年前在新西兰坐过滑翔伞，飞翔的感觉确实很好，惊险和刺激不用说，还能感觉到一丝浪漫。在有经验的教练陪同下（他和你绑在一起，由他调节方向和速度），你可以展开双手感受鹰是怎样飞翔的。那时我的感觉是，伸手便可以抓到身边的云朵！Leo很想去，但是我有点担心，万一有点什么状况呢？9岁的小男孩适合不适合飞呢？刚开始的时候，Leo很坚决地要飞，所以我就给他预订了。上车去玩滑翔伞之前，我再次问他，是不是真的要去飞，去了就别怕，到时候边飞边被吓得尿裤子就丢人了。小东西气急败坏地拿眼飞我，说："我现在，一边脑子说

行宫美景

去，一边脑子说别去。你呢，还在一边不停地吓唬我！”停了停，Leo最后还是说，算了，不去了，还是怕！

虽然我们没有自己上天去飞，但是我带着Leo，并肩坐在费瓦湖边，悠闲地抬头，看别人如何在蓝天翱翔。那些花花绿绿的滑翔伞散落在山坡上，很养眼！

喜马拉雅这里的高山流水、草木花鸟，大自然的一切都值得用眼去观察，用心去品味。

雪山映衬下的滑翔伞

The Andean Tunic
400 BCE—1800 CE

第五章

博物馆游

推荐旅行地点之纽约

纽约旅行建议

纽约市位于美国纽约州东南部，地处美国大西洋海岸的东北部，大约在华盛顿特区和波士顿中间位置，紧邻哈德逊河，坐拥世界上最大的天然港口之一纽约湾。

纽约的正式名称为The City of New York，但大家都会俗称它为New York City。

纽约是美国最大的城市，全市由五个区组成：曼哈顿（Manhattan）、布鲁克林区（Brooklyn）、皇后区（Queens）、布朗克斯区（The Bronx）和斯塔滕岛（Staten Island），全市总面积1214.4平方公里。

无论从何种意义上讲，纽约都是世界的焦点。纽约的摩天大厦、霓虹灯以及纽约城中的喧嚣生活，包含了现代都市生活的一切激动和挫折，像磁铁一样吸引着爱它和恨它的人们。这里有最前沿的时尚秀、最丰富的博物馆、最高端的大学、最多元化的街区、最多彩的美食……这座大都会有无尽的包容性，你可以在这里随处窥见一点全球各个国家和地区的影子，而这些来自世界各个角落的人与文化构成了纽约独一无二的魅力。

最佳旅游时间

鉴于纽约丰富多彩的室内外活动和景点一年四季的不同特色，任何时候去纽约旅游都不错。

单从气候上说，纽约的纬度和北京相似，气候也很相近，所以春、夏、秋都适合旅行。但是，1月、2月的冬季虽然天气较冷，但不怕冷的话，仍可以发现纽约的精彩。这时候是剧院的表演艺术季，百老汇的票此时最便宜。也可以到各大艺术博物馆看展览，并不受天气影响。

从10月底到次年1月是节日和派对集中的时间段，万圣节游行、圣诞节庆祝、时代广场新年倒数等活动热闹非凡。各种活动party会让你和孩子玩到极其high。

不能错过的纽约点滴

- 去纽约逛博物馆。这里除了世界闻名的大都会博物馆，还有其他各种各样的博物馆，从现代艺术到自然历史，带着孩子，逛上几天都不嫌多。
- 近距离仰望自由女神，登顶火炬远眺曼哈顿。
- 漫步华尔街，行走在时代广场，体会曼哈顿的精英速度。
- 登上帝国大厦的楼顶，俯瞰纽约的夜景，感受世界之巅。
- 在纽约有各种各样的美食，地道的起司蛋糕和纽约比萨一定不要错过，特别值得尝试，孩子一定爱！

纽约的交通建议

带着孩子在纽约玩，不建议租车，因为完全没有必要。纽约的公共交通系统非常发达。地铁加公车，还有出租车，可以到达所有你想要去的地方。

纽约地铁是大众运输的骨干，历史悠久，错综复杂，本身就是值得一游的景点，因为它充分展现了这座城市的气质。推荐购买使用Metrocard，可以搭乘地铁也可以用来坐公交，各个地铁站都可以购买到。

纽约公交网遍布纽约市的五大行政区，并多处和地铁网配合转乘。

纽约出租车大多是黄色的，车费自2.5美金起跳，之后每公里收费0.4美元。不过，遇到堵车或者通过收费的桥梁还有隧道，有额外费用。另外，别忘了下车前给司机至少10%的小费哦。

纽约6天行程推荐 >>>

日期	大致行程安排
Day1	到达纽约入住酒店，休息，倒时差。 如果傍晚有时间，建议去帝国大厦（Empire Building），乘坐电梯直达86层瞭望台及102层瞭望台。虽然帝国大厦早已失去全球最高大楼的美誉，但在很多人心目中，它的崇高地位是无可取代的。
Day2	今天可以安排丰富的活动。 早上去“女神像航线”（Statue Cruise）售票处，乘船去自由岛参观美国的标志——自由女神像。 提示： 每天有登上最高处的名额限制，所以记得早点到，别去太晚。 渡轮很多，每30分钟至45分钟一班。 黄色的Water Taxi公司的渡轮是不能上自由岛的，所以建议一定买Statue Cruise的。 渡轮起航后先停靠自由岛，再驶往爱丽丝岛，最后由爱丽丝岛返回炮台公园。可自行根据喜好和时间安排游览两个岛。 登上自由岛后，可以从铜像底部乘电梯直达基座顶端，然后沿自由女神像内部的171级盘旋式台阶登上顶部。 中午以前，乘船回到曼哈顿下城区，边走边逛，在小“意大利”吃午饭。 吃完午餐，去华尔街转转吧。这里还有著名的圣三一教堂、纽约证券交易所等。 逛完华尔街，可以去著名的世贸遗址归零地看看。 如果还有时间，去SOHO区逛街淘货。这里有很多极具特色的小餐馆，晚餐可以在这里解决。 夜幕降临的时候，去时代广场吧，好好感受最纽约的夜景。

Day3	如果今天能起早，去中央公园散步吧。如果感兴趣，可以乘坐马车游览中央公园。马车是早期美国人民的主要交通工具，这个项目能让你体验美国早期人民的生活。马车司机风趣幽默，会给你讲解中央公园的历史和风景。 提示： 坐马车大概45分钟； 出发地点为59街和第七大道路口； 建议为司机支付10%～20%的小费； 每辆马车最多乘坐4人。 从中央公园出来，去纽约大都会艺术博物馆，尽览千年人类文明瑰宝。大都会艺术博物馆与大英博物馆、卢浮宫、列宁格勒美术馆并称世界四大博物馆。这是一个“不可能一两天看完的”博物馆，所以尽量安排3～4个小时在这里。 提示： 每周一、感恩节、圣诞节、新年闭馆，周二至周四和周日开放时间为9:30～17:30，周五、周六开放时间为9:30～21：00； 全馆都有Wifi； 如果中午时分肚子饿了，地下的自助餐厅很不错； 进入博物馆的游客都要寄存随身携带的大包、小包，如果是冬天去，游客的外衣也是可以寄存的； 进门后拿一张中文地图，建议租用讲解机，有中文，方便边欣赏边了解。 从大都会艺术博物馆出来，大概已经将近傍晚了，去唐人街，晚餐可以吃顿正宗中餐，满足你的中国胃。 如果可以，提前订票，去百老汇看一场经典音乐剧。
Day4	今天把它定为博物馆日吧！纽约以其大量博物馆的文化气息而闻名世界，特别值得带着孩子去看、去见识。 第五大道从82街延伸至105街的这段被称为博物馆大道（Museum Mile），邻近中央公园，沿途有9家文化机构，展示了纽约最高水准的艺术品、历史遗物、设计和文化珍藏。这9家机构分别是：大都会艺术博物馆（Metropolitan Museum of Art）、纽约歌德学院（Goethe-Institute New York）、新美术馆（Neue Galerie）、古根汉姆博物馆（Guggenheim Museum）、国家学院博物馆（National Academy Museum）、库珀－休伊特国家设计博物馆（Cooper-Hewitt，National Design Museum）、犹太博物馆（Jewish

	Museum）、纽约市立博物馆（Museum of the City of New York）和巴里奥博物馆（El Museo del Barrio）。 另一个大名鼎鼎、强烈推荐的博物馆则是位于曼哈顿中城的纽约现代艺术博物馆（The Museum of Modern Art），这里有世界上最杰出的现代艺术收藏之一，可以与大都会艺术博物馆相提并论。 你可以根据自己的爱好还有孩子的喜好在以上博物馆中进行选择。
Day5	如果还有一天，而且你和孩子又爱看电影，那么今天在纽约感受影视剧的氛围吧。 建议的路线是：格林尼治村——纽约华盛顿广场公园——熨斗大厦——纽约公共图书馆——帝国大厦——第五大道——蒂凡尼珠宝店——林肯表演艺术中心 还记得《老友记》吗？片头出现的6个老友住的公寓楼就在格林尼治村。走过几条街就是纽约华盛顿广场公园，浪漫爱情轻喜剧《当哈利遇见莎莉》中，两个人第一次来到纽约就是在此分手、各奔前程的。威尔·史密斯在《我是传奇》里住的公寓也在这附近。接着搭地铁前往有百年历史的熨斗大厦，《蜘蛛侠》里的男主角就是在这里当记者的。从这里沿着第五大道走15分钟就到了最热门也最著名的取景地——帝国大厦。《金刚》《西雅图不眠夜》《北京遇上西雅图》等中外电影给这座大楼涂抹上了一层浪漫的色彩。接着继续走，就是《后天》里人们烧书取暖的纽约公共图书馆了，而《欲望都市》里凯莉的婚礼也定在这举行。再继续沿着第五大道逛逛，《绯闻女孩》和《欲望都市》里的女主角们常来这条大道购物。而这里的蒂凡尼珠宝店更是已成经典，在此仿佛依然可以窥见《蒂凡尼的早餐》中奥黛丽·赫本曾经的身影。 夜里前往林肯表演艺术中心，奥斯卡获奖影片《黑天鹅》就是以此为背景，你也不妨在此看一场芭蕾舞剧。
Day6	搭乘飞机离开纽约。

大宝小宝游纽约 〉〉〉

2011年7月底，我们开始了半年美国、半年中国的候鸟生活。8月初，趁着哥哥还没有开始上学，我决定带着哥哥弟弟一起去纽约，逛逛博物馆，探望长岛的朋友，再去狠狠地踩踩曼哈顿。哥哥尤其高兴，说这将是他有生以来最快乐的旅行，因为是弟弟第一次加入我们的旅行团。Leo答应我会好好照顾弟弟，带着他一起玩乐。旅途中多加了这个滑稽可爱的小弟弟，我们都兴奋不已。不过，对于我来说，当了多年的家庭旅行团团长，这次是最挑战的，弟弟才18个月，虽然是出过好几次门（包括中美之间的长途飞行），但那些次不是回自己家，就是去爷爷奶奶、外公外婆家，而这次呢，是出远门玩一个星期，所以旅行的各个方面都不像往日那么简单了，衣食住行都有了新的挑战。

【衣】

这个最好办。我给弟弟备足了上衣、裤子、袜子，还有药，以便不时之需。对于我们大人还有哥哥，每天一套就好了，实在需要，随路可买。而且，途中我们在长岛的朋友家会住几天，实在需要，可以在朋友家洗。

【食】

我们是自驾车，开车途中的吃喝，我比较随意，但不主张孩子吃零食，所以上路前，主要装上喝的。一箱子水，十来瓶果汁，五六瓶

途中我们一起吃麦当劳

在中餐馆自己很起劲地吃饭的弟弟

星巴克瓶装咖啡，给Leo就带了几块Godiva巧克力，一盒子小饼饼，一袋子美国牛肉干。美国的公路沿途很容易找到加油站。我很擅长从加油站发掘好吃的。这次，经过加油站的时候，我找到了美味堪比苏州采芝斋的美国花生糖，还有又香又脆的肉皮、非油炸的比较健康的薯片。哥哥可高兴了，啊呜啊呜地吃着。弟弟的馋虫也被勾起来了，伸着小手也要吃。哥哥大方，立马和弟弟分享手里的肉皮和薯片。弟弟管这些都叫饼饼，加上我们带去的那一大盒饼饼，弟弟吃了好多“饼饼”。晚上睡在我们旁边，弟弟做着梦还微笑着说“饼饼，饼饼”。只是可怜了我们的车，满处的“饼饼”渣子。

在途中，每到吃饭的时间，我们就开下高速公路，找个有快餐的休息区，简单买个汉堡或是热狗，填饱我和哥哥的肚子。我给弟弟带了一大罐奶粉和四个大奶瓶。弟弟除了喝奶，也吃些和我们一样的饭菜。但是，因为开车，有时会吃得晚些，所以就让他多喝奶。

到了纽约后，我们因为在朋友家住了几天，而且纽约华人多，中餐馆也多，所以吃的和平常没有太大差别。哥哥弟弟在吃上都很省心。

【住】

带着孩子出门，我总选带厨房的酒店，这样可以让孩子们吃得舒服些。美国规模稍大些的超市都会有大米卖，有一种叫Jasmine Rice，和我们平常在国内吃到的大米是一样的味道。我们通常会去这样的超市买米，然后回酒店熬粥或是蒸米饭。但是，带厨房的酒店在曼哈顿不多，我找了半天都没有找到合适的。亏得我在北京的好友王小姐刚好一家老小回纽约过夏天，而且才在长岛的富人区买了个占地2英亩的大房子，去曼哈顿开车也挺方便。所以，我带着哥哥、弟弟在这个和森林公园差不多的地方住了好几个晚上。哥哥特别兴奋，因为他和

长岛富人区的大房子

2英亩的大院子

王小姐家的大儿子包包是多年的好朋友，这次能住包包家，和包包每天晚上睡一块儿，是Leo整个旅途最快乐的事情了。

我和王小姐有着相同的人生观和价值观，很能聊得来。而且，我们都爱写个字，画个画，在北京就常在一起吃喝玩乐。这次住在她家，我又一次见识了王小姐的厨艺。被伺候惯了的人，还喜欢下厨，而且做的饭那么好吃，实在是不多见。住在王小姐家的时候，我们还带着孩子一起去了曼哈顿，又是逛街，又是逛美术馆，很爽！

在王小姐家住了3天后，我带着哥哥和弟弟去曼哈顿入住了心仪的酒店。酒店很棒，打开窗帘就可以看到自由女神像。酒店房间里还有个望远镜，可以让我们看得更清楚。哥哥对望远镜特别感兴趣，不停地鼓捣它。

不过，酒店附近停车太难太贵了。我们开着车在酒店周边转了半天，一个公共停车位都没有，最后只好让酒店的门童帮着停车，每天收费60美金，实在是好贵！

曼哈顿的酒店房间里专门有个望远镜，让人清清楚楚地看自由女神像

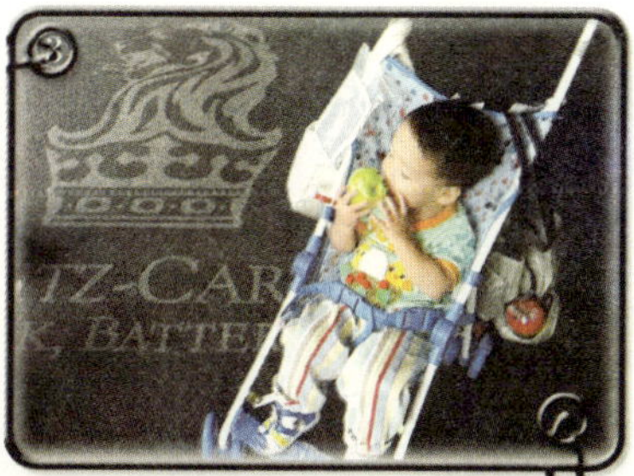

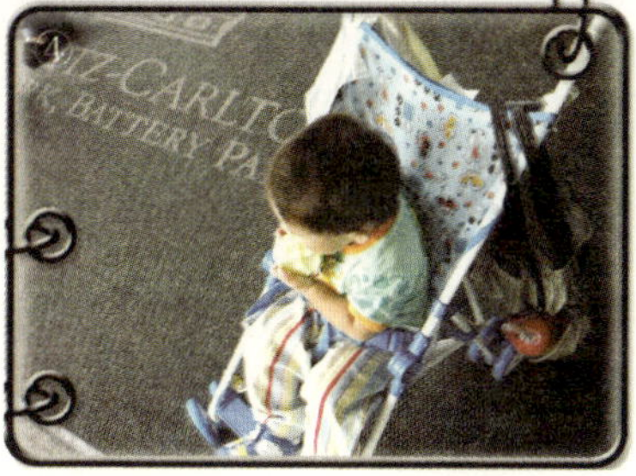

①晚上，弟弟睡着了，仍然亢奋着的哥哥还在摆弄望远镜，四处张望

②③④早上，酒店门口，我们等着门童开车过来，哥哥和弟弟快乐地吃着酒店提供的免费苹果

【行】

行最挑战。如何带着弟弟，安全快乐地从罗利（Raleigh）[1]到纽约，再从纽约回到罗利，我着实好好地考虑了一番，最后决定开车北上。

带了小弟弟出去玩，飞机旅行不是很方便。首先，大包小包的东西，加上弟弟的"座驾"——儿童汽车座椅（这个不能没有，小朋友在车里不坐儿童座椅是违反美国法律的），扛着上下飞机会很累人。再次，为了拥有更大的活动自由度，开车是更好的选择。我把所有想带的东西都整理好，大包小包地放在车后。连给弟弟的奶瓶消毒用的大盒子也带了。车里还放了一个大大的车载冷冻箱，里面加了冰块，放满了饮料，方便我们随时能喝上冰镇解渴的饮料。就这样，带着想带的七零八碎的东西，开上车，想去哪儿去哪儿，想停车休息就停车，自由自在。

在行的过程中，还有一项挑战是，如何让孩子们在途中不吵不闹地配合着开车北上。走之前，我确认了手边有这么几件法宝：哥哥爱喝的饮料，iPad，弟弟的奶嘴、奶瓶、水杯，还有一大盒哥哥和弟弟都爱吃的小饼饼。哥哥毕竟大了，懂事了，还挺好对付。只是在旅途中，有一段非吵着要陪着弟弟坐，没有被批准而腻腻歪歪了好一会儿。哥哥不爱睡觉，只想玩游戏，开车玩游戏对眼睛不好，还是得控制时间。所以，我说，你闭眼睛休息一会儿，才可以玩iPad。哥哥真的把眼睛闭上了。嘿，没一会儿，哥哥就呼呼睡着了。睡了好久醒来后，哥哥还奇怪："我怎么就睡着了呢？"

---

1 北卡罗来纳州首府。

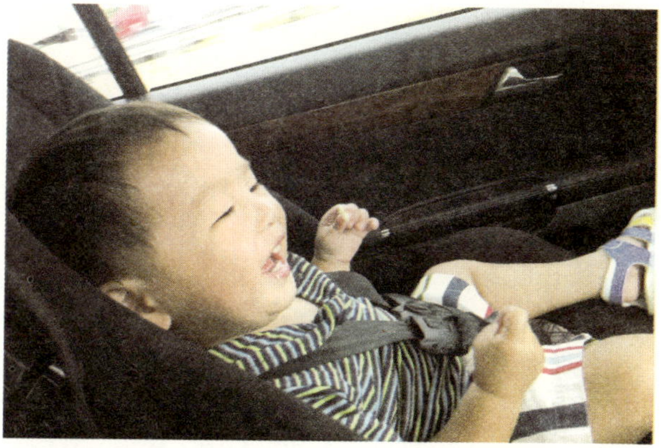

坐着车，快乐地
吃着饼饼的弟弟

在旅途中，弟弟没添乱。我尽量保持平日弟弟的作息时间，该吃吃，该睡睡。到了睡觉的时间，对弟弟说，睡觉觉了，喝奶吧。弟弟到了睡觉的时间，可能自己也有点困了，就老实地坐在椅子里，咕嘟咕嘟地喝奶，然后歪着头，呼呼睡着了。弟弟在家倒是不大用奶嘴（除了刚睡觉的时候，嚼一会儿），但是奶嘴还是带对了。坐在车里的弟弟，在百无聊赖的时候喜欢拿着奶嘴玩儿，犯困了就把奶嘴塞进嘴巴里，自己给自己催眠。弟弟不太知道iPad的魔力，所以没有像哥哥那样沿途一直念念不忘iPad。

大都会博物馆的饕餮盛宴 〉〉〉

现在很多中国人到了纽约，不会有太多的惊奇和太多的兴奋。一样的高楼林立，一样的人来人往，随处可见黑头发黄皮肤的中国人，就连乡音也是随处可闻。但是，和国内的大都市不一样，这里有太多太棒的博物馆，遍及这个大都市的各个角落。我虽然不是艺术家，但也算是个“文艺青年”，所以尽管2011年夏天的纽约行程很满，我们干的最多的事还是逛纽约的博物馆。

才走到博物馆门口，就被高台阶和大廊柱的大气魄所折服

博物馆门口的卖艺6人行，又唱又跳地娱乐街头的人们

在纽约130多个主题各异的博物馆中，首屈一指的当然是与伦敦大英博物馆齐名的大都会艺术博物馆（The Metropolitan Museum of Art）。这个博物馆最大，展品最多，素有“美国的卢浮宫”之称。作为世界三大博物馆之一，大都会艺术博物馆是绝对不能错过的好地方。它最早由一群杰出的社会名流、慈善家和艺术家出资建成，收藏有自史前到当代的300多万件展品。

大都会博物馆建于1880年，位于纽约中心公园第五大道82街，背依纽约中央公园，闹中取静，环境幽雅。整个博物馆是一幢大厦，有着高台阶、大廊柱，占地8公顷，但展出面积很大，不下24公顷，所以即使在里头待上一整天，也仅是走马观花而已。

走进博物馆，我们先在一楼的大厅买票，博物馆的票价为成人每人20美元，小朋友每人10美元。门票很可爱，是个圆圆的紫

Leo在认真听讲解

色小铝片，上面有个M，可以夹在领子上面。买票的地方旁边有多国语言的导游图，拿了一张，先看看博物馆的大致情况。大都会博物馆收藏很丰富，而且是全方位收藏，充分显示了“博物”的特性。除了收藏绘画和雕塑作品外，还收藏乐器、服装、古代的盔甲和武器、摄影、家具、建筑、宝石。收藏品的地理跨度也很大，从古罗马、古希腊、东南亚、非洲、中东、西亚到中国及日本，以及意大利文艺复兴后每一个时期的艺术，乃至美国本土艺术，无所不有。几乎人类所有的文明史都在这明亮、宽敞、豪华的大厅里展示着。

一进门，我在服务台给哥哥租了一个英文的讲解器。讲解器很好用，每件展品旁边都有个号码，把这个号码输入讲解器，就会听到预先录好的讲解。讲解器有多种语言，包括中文。

大都会博物馆的几十个大厅，除了圣诞节的第一天和感恩节，几乎全年开放。

到了著名的埃及厅，展品包括史前时代至公元8世纪。最令人赞叹的是美国将古罗马皇帝建造的高耸的丹铎神庙，完整地从埃及搬过来。丹铎神庙被搬到纽约后，人们在神庙近周建造了优雅的水池，一起陈设在宽阔又高挑的展览馆内。当阳光从采光充足的整片玻璃门投射进来时，恍如时光倒流至3500多年前。

到了二楼，有著名的东方馆，收藏了许多珍贵的中国古代物品，如商周汉青铜器、唐宋明清瓷器、明代木家具、清代绘画等，其中有些是孤品，可谓件件价值连城。大厅的墙面还高竖着全馆最大的展

一楼有个展厅，里面是富含宗教色彩的各种展品

古典家具

各种瓷器

东方馆的展品

明亮展厅里的丹铎神庙

各种雕塑

品——中国山西广胜寺宋元壁画，十余米长，六米多宽，绘制的如来和众佛、菩萨神像栩栩如生，威严庄重。

在大都会的三楼还有一座以苏州名园网师园中殿春簃为蓝本设计建造的“明轩”。这是第一座被移筑到大洋彼岸的中国古典园林。明轩里的每一块砖、每一片瓦都是在苏州制作好运到美国安装的。小桥流水，画栋雕梁，几枝青竹，几尾锦鲤，一派东方情调，在这西式宫殿之中的确别具特色。

纽约的大都会博物馆是一座集万千宝贝于一身的宝馆。它把历史各个时期的人类文化遗产收集到一起，不仅局限于自家历史，还向世人展示全人类5000年的世界文明。让现在的我们看到自己的先人蹒跚走过的文化旅程。

逛博物馆不比逛街轻松，收获却远比逛街要丰富得多！

明轩

华盛顿旅行建议

3～5月是去华盛顿旅游的最佳季节。潮汐湖和华盛顿纪念碑附近盛开的樱花把整座城市衬托得相当美丽。

由于历史原因，华盛顿有许多纪念碑、纪念堂，还有一些举世闻名的博物馆，可能最让孩子感兴趣的是国立动物园。爸爸妈妈可以根据孩子的年龄和兴趣爱好进行选择。

建议不必专门飞美国逛华盛顿，可以把华盛顿的行程安排在去美国的大行程中。一般来说，3天游览华盛顿就可以了。

因此，这个小部分，我没有像前文那样为大家拉出一份行程单，爸爸妈妈可以根据去美国旅行时间，为华盛顿这个有着丰富历史的城市留出时间。

走进白宫 〉〉〉

白宫（The White House）是一座白色的二层楼房，美国总统的官邸、办公室。它位于美国华盛顿市区中心宾夕法尼亚大道1600号，北接拉斐特广场，南邻爱丽普斯公园，与高耸的华盛顿纪念碑相望。

我早就想带着Leo和Levin走进白宫，好好看看美国总统及其全家工作、居住的地方。据说"9·11"事件以前参观白宫相对方便，但是"9·11"事件之后，手续就有些烦琐了，坊间的旅行团是没有可能带你去参观白宫内部的。

为了走进白宫，我花了些时间研究了相关资料，了解到目前的白宫内部参观只能通过国会议员申请，而且需要提前，一般至少3个月前就要申请，最保险的是提早6个月就申请。我们希望在2011年11月初去参观白宫，我在9月底的时候就开始行动，先写封电子邮件给北卡的参议员Senator Hagan，希望他帮忙安排白宫内部参观。没两天收到回信，参议员感谢我们一家对白宫的热爱，让我填写申请表格并告诉他我们希望参观白宫的日子，同时告知我，进白宫参观的名额有限，最好给两个参观日期备选。我选了11月2日或是11月3日，那个时候哥哥放假，而且我妈妈也到了美国，可以全家一起饱眼福。填好表格后，我发出了邮件。参议员办公室的办事员工作效率很高，第二天就回信说申请表格没有问题，但是到底是11月2日还是11月3日参观白宫，要到10月底再告诉我。10月的第三周，收到了白宫工作人员的确认邮件，我们的参观日期被定在11月2日，具体时间是早上8点半。确认邮件上写明，我们需要提早15分钟到，并提醒过时不候，而且让我们不要携带包和照相摄影器材进入白宫，因为白宫没有地方给我们存包，内部也不允许游客拍照。

11月1日，我拖家带口地提早一天到了华盛顿。因为知道白宫附近停车不方便，我们还带着弟弟这个走路慢的小东西，所以就多花银子，入住了白宫附近的老古董酒店。哥哥是第一次来华盛顿，又因为要去奥巴马家玩，别提多兴奋了。我带着弟弟睡在里间，哥哥和外婆睡在套间的外间。哥哥一个晚上都絮絮叨叨地问外婆关于白宫的这个那个，直到晚上10点多才安静下来，呼呼睡去。

第二天，11月2日，一早7点多，我们全家都早早起来向白宫走去。沿途都是高大的绿树，还有很多可爱的小松鼠在我们脚边蹦蹦跳跳，一路追随着我们。哥哥和弟弟边走边逗它们玩，才1岁半的小弟弟一点儿不害怕，几次试图要去捉小松鼠。

走过两三个街区，经过一个小广场，7点半左右，我们到了白宫对面的白宫游客中心。离我们的参观时间还有1个小时，我们在游客中心简单地逛了逛，观看了白宫的欢迎录像。录像中，介绍了很多白宫的昨天和今天。现任总统奥巴马和第一夫人米歇尔表达了他们对所有访客的热忱欢迎，欢迎词最打动我的是米歇尔说的一段话："白宫属于每一个美国人，每一个房间都放满了讲述我们这个伟大国家故事的财宝，我非常高兴你能来这里看看它们。"

Leo一直好奇为什么美国总统府要叫白宫，我们在游客中心找到了答案。原本这所房子不叫白宫，而是被称作"总统大厦""总统之宫"，1792年刚建时是一栋灰色的沙石建筑。从1800年起，它成为美国总统在任期内办公并和家人居住的地方。但是，在1812年发生的第二次美英战争中，英国军队入侵华盛顿，焚毁了这座建筑物，只留下了一副空架子。1817年，重新修复时为了掩饰火烧过的痕迹，门罗总统下令在灰色沙石上漆上了一层白色的油漆。此后，这栋总统官邸便被称为“白宫”了。1902年，美国总统西奥多·罗斯福正式把它命名为“白宫”。从此，美国历届总统均以白宫为官邸，使白宫成为美国政府的代名词。

Leo看过白宫的介绍后，有点为第一任总统惋惜。因为白宫的基址是美国开国元勋、第一任总统乔治·华盛顿选定的，始建于1792年，1800年基本完工。不过，第一位入主白宫的总统并不是第一任总统华盛顿，而是第二任总统约翰·亚当斯，因为那时华盛顿已经不是总统了。后来，Leo想想又不替华盛顿惋惜了，因为美国的首府以华盛顿命名，也是流芳百世了。

白宫外面竖着的地图，欢迎我们的光临

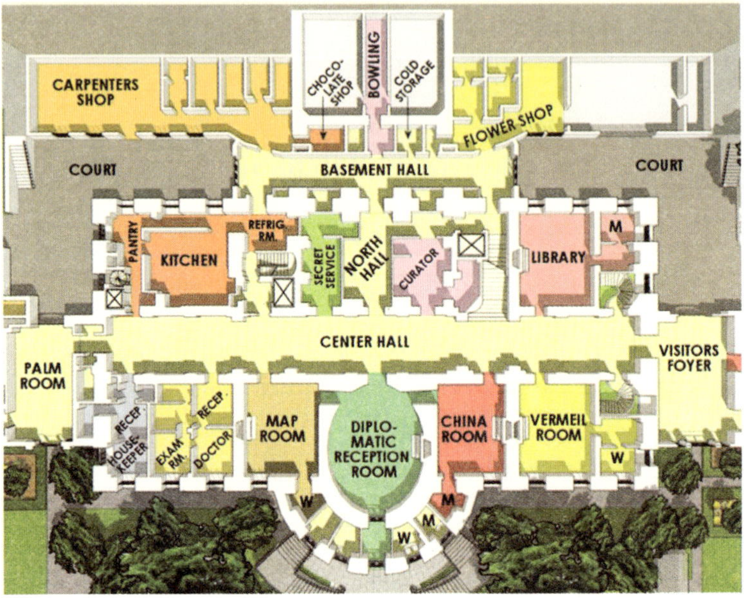

按照白宫一层的地图，我们开始参观白宫

在白宫入口处，一个警察满面笑容地向我们打招呼并问我们的姓名，找到了他手里名单上我们的名字后，要求查看我们的证件。我把我们所有人的护照拿给他，他认真地一一核对，最后笑着说："可以先进去了，祝你们参观愉快。"这时候才8点多一点儿，比我们预订的参观时间提早了几乎半个小时。Leo看过了白宫朴素典雅的外观后，轻轻说："不是很大嘛。"

白宫参观范围仅限于主楼的一层和二层。每天早晨6:30分左右，白宫工作人员开始将地毯卷起，用绳子拦出通道方便游客参观。当游客散尽，工作人员再将白宫恢复原样，以备总统与第一夫人在下午与晚上使用。

白宫共占地7.3万多平方米，由主楼和东、西两翼三部分组成。

主楼宽51.51米，进深25.75米，有底层、一楼和二楼3层。底层设有外交接待大厅、图书室、地图室、瓷器室、金银器室和白宫管理人员办公室等。外交接待大厅是椭圆形的，总统会在这里接待外国元首和使节，花纹地毯上绣着象征美国50个州的标志，墙上挂有描绘美国风景的巨幅环形油画。

穿过走廊会到达白宫图书馆，这里的桌、椅、书橱和灯具等均为古典式，有2000多册藏书，包括历史、科学、人物传记与小说类图书等，不乏美国各个时期著名作家的代表作。第一家庭及白宫工作人员可以借阅这些书。此外，这里还存有美国历届总统的有关资料。

我们接着参观，图书馆的对面是金银屋（Vermeil Room）。Vermeil的原意是包金的银，是一种典型的西洋器皿制作方法。金银屋里四处都陈列着英法名家制作的金银酒壶、酒杯等，墙壁以浅黄色作装饰，因此又叫金屋。现在每当白宫举行正式宴会时，金银屋就用来做女宾们的休息室。

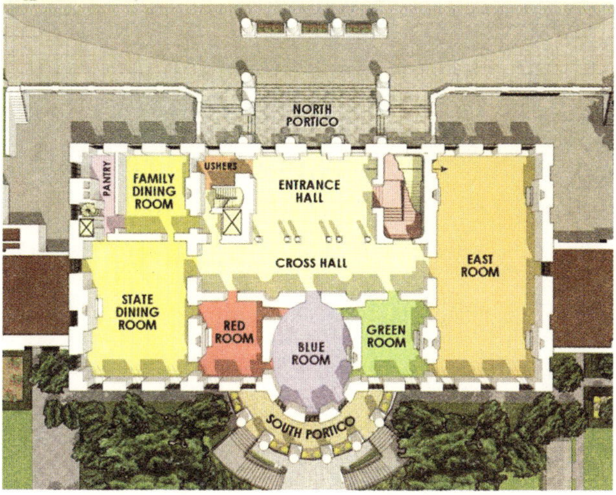

白宫二层的地图

金银屋的后面是瓷器屋（China Room），用来陈列历届总统宴请宾客时使用的各种餐具瓷器。政府负责每隔几届总统专门为白宫制定一整套餐具，瓷器上最常见的花纹是美国的代表动物，有野生火鸡、巨角山羊、北美鹌鹑等。

优雅的椭圆形外交接待屋（Diplomatic Reception Room）位于瓷器屋的旁边，但不对游客开放，因为这是各国外交使节们进出白宫的地方。

在二层，我们第一间参观的屋子就是白宫最大的房间东厅（East Room）。东厅是为白宫的大型集会而设计的，所以摆设了很少的家具。墙壁正中间悬挂着美国第一任总统华盛顿夫妇的全身等高画像。华盛顿的这幅画像是白宫唯一一件从建成到现在一直存在的装饰品。英军1814年攻入白宫之前，该画像被第四任总统詹姆斯·麦迪逊（James Madison）的夫人多丽·麦迪逊（Dolley Madison）转移到了安全的地方，白宫重建后又转移了回来。

穿过东厅分别是三个较小的房间，按装饰的颜色格调分别命名为绿屋（Green Room）、蓝屋（Blue Room）与红屋（Red Room）。这三个房间装修精美，按时代与每对总统夫妇的喜好不同而有不同的用途。蓝屋是现任总统夫人米歇尔最爱的房间。最为有名的历史一幕是第二十二任和第二十四任总统格罗弗·克利夫兰于1886年在蓝屋举行的婚礼庆典。他是唯一一位在任内结婚的总统，唯一一位两次当选却不是连任的总统，他的女儿是唯一一位在白宫出生的“第一女儿”。蓝屋的阳台面对南院草坪，是总统与贵宾经常向民众挥手露面的地方。南院草坪上许多树木也是总统或夫人亲手种植。当年杰克逊总统为纪念亡妻而种的一棵木兰花，至今已成枝叶茂盛的百年老树，和这个国家一起茁壮成长。南草坪正位于整栋大楼的中央位置，与

白宫外景

上、下楼层共三个房间同属椭圆形。蓝室左右两旁的红室和绿室都是小型接待室，以不同色调装饰。

二层的最后一间屋子是国家宴会厅（The State Dining Room），最多可容纳140人同时用餐，壁炉的上方悬挂着第十六任总统亚伯拉罕·林肯（Abraham Lincoln）的大幅画像。

白宫主楼的三层是第一家庭的起居室与卧室，不向公众开放，当每天早晨7:30第一批游客抵达白宫时也许总统一家人还在梦乡里呢。这里也用来招待重要贵宾。

一个大院子，一座大房子，能干的老公，贤惠的老婆，可爱的孩子，这是典型的美国幸福家庭图景。美国总统能拥有的这些，其实也能落户到平常人家。幸福就在身边，少在意些物质的多少、房子的大小，你会比美国总统更幸福。

探秘国会大厦 〉〉〉

美国国会是美国联邦政府的立法机构，美国国会大厦是美国国会的办公大楼，它坐落于美国首都华盛顿市中心一处海拔25米高的国会山的顶点。这里是华盛顿最高的地方，也是华盛顿的中心点，附近没有任何建筑超过它的高度，象征着一种权威。国会大厦又是华盛顿最美丽、最壮观的建筑，在华盛顿市内很多地方都能看到国会大厦的雄姿。这附近除了国会大厦，还汇集了其他一些政治景点和观光景点，包括相当值得一游的国家广场沿街的史密苏尼博物馆（Smithsonian Institution）。

国会大厦前的大街取名为“美国第一街”

国会大厦的背后有不少故事。1793年，美国首任总统乔治·华盛顿亲自为它奠基，但是南北战争爆发后，它差点就和历史失之交臂了。当时不少人提议停建该大厦，不过当年的林肯总统却坚持要继续建造大厦，并且完美地建成了高53米的大圆顶。现在，国会大厦的这个圆顶已经成为电视中美国政治新闻报道的最佳背景。1800年，国会大厦落成并开始使用（算一算，都用了200多年了）。不过，国会大厦从诞生之日起，继续着它坎坷的命运。1814年，英美第二次战争时，英国军队一度占领华盛顿，国会大厦被付之一炬。重建国会大厦的工程始于1819年，完成于1824年。后来又不断进行修缮扩建，1863年宣告扩建完成。

美国总统的白宫对外开放，国会大厦也一样可以免费参观。我想这样做的目的很明确：这是“民主政府的象征”。进国会大厦参观，最好事先在国会大厦的网站上做登记预定。还没有来华盛顿时，我就在网上给我们全家订好了票。预定的参观活动时间是下午3点。我们那天到国会山的时间有点早了，我就先带着哥哥和弟弟在国会大厦的外面转悠，打发时间。

在白色的国会大厦旁边，有一大片草坪。站在稍远处看国会大厦，它犹如被置放在绿绒毯上的象牙雕刻。

走近了看国会大厦，只见宏伟的大厦由白砂石和大理石建成，中央穹顶和鼓座仿照万神庙的造型，外部轮廓显得十分丰美。在中心大圆顶的上面，竖有一座6米高的青铜“自由雕像”。国会大厦的顶尖是当之无愧的华盛顿最引人注目的地标。国会大厦东面的大草坪是历届总统举行就职典礼的地方。站在大草坪上看去，国会大厦圆顶之下的圆柱式门廊气势宏伟，门廊内的3座铜质“哥伦布门”质地厚重，

国会山的水池边

其上雕有哥伦布发现新大陆的浮雕，大门内即为国会大厦的圆形大厅。国会山上戒备森严，国会大厦的大门口甚至有机枪。

我们在外边逛了挺长时间才2点多，我打算试试运气，看看能否提早进。国会大厦有专门的入口给游客，可不能走到政府官员通行的大门，那里的警察叔叔是不会让你进去的。不过，他们阻挡你的时候口气还是很温和的，一点儿没有耀武扬威的样子，只是为我们指引去游客中心的正确方向。

进入了游客中心，向工作人员说明了我们的情况，工作人员很客气，马上给我重新出了5张票。这时我才知道，如果没有提前预订，游客也可在指定地点排队等候领票参观。只是国会大厦每天只会接待一定数量的游客，没有预定的话，不能保证一定能有票进去参观，只

国会大厦游客中心

能挑战运气。国会大厦每周开放7天，天天可以免费参观。但是领参观的票必须本人到游客中心来。每人一张票，不需要押证件。拿到了票，我们同其他游客一起排队等候参观。这次参观国会大厦，让我们深刻感受到美国景区的服务人性化。为方便游客在美国国会大厦内参观，大厦内配有方便大众的各种服务设施，比如常见的专门可用于为婴儿换尿布的家庭洗手间。大厦礼品店旁设有公用电话和自动取款机（方便取钱买纪念品）。在游客中心的前台，来自外国的游客可借用解说器，支持多国语言。如果参观者是残疾人或是年迈的老人，可以在游客中心借用轮椅。另外，如果提前预订，游客中心还为聋哑游客提供手语服务，而且允许导盲犬跟随它们的主人进入国会大厦。

因为我们有老年人（我妈60多岁），还有小推车里1岁半的小弟

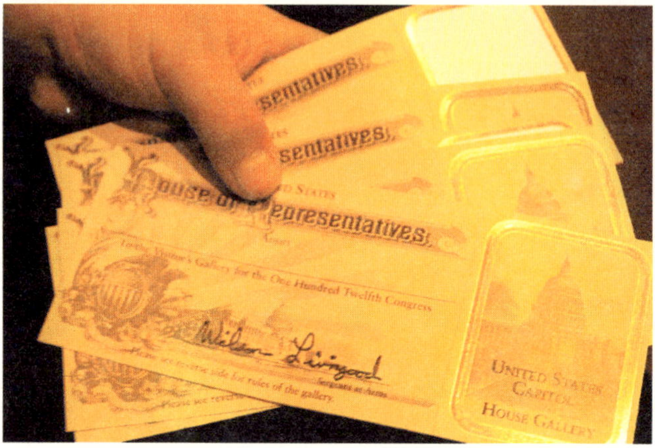

我们的票

弟，所以受到了优待，被先行安排过安检，并且优先安排乘坐电梯去参观国会大厦，不必同大家一起爬楼梯。不光如此，我们此次免费的参观还配了个专职导游。我们的讲解导游叫Jeff，看到我们感觉很亲切，说他老婆也是中国人。Jeff 很耐心，不光一路给我们讲了很多国会的故事，还帮我们推弟弟的车，为我妈开门，替我们全家拍照。

Jeff 先带领我们去了国会大厦的指南影院。这里放映了长13分钟的名为《和众为一》的电影短片，主要介绍了美国如何建立了今天的这种新型政府，国会在美国人日常生活中的影响，并介绍了国会大厦的内部。看完电影，Jeff 带着我们参观国会大厦。国会大厦分南北厢，北厢为参议院，大会场内悬挂着一面硕大的美国国旗，旗前面是议长的席位，再前面是记录席和发言席，美国总统也就是在这里宣读国情咨文；大厦南厢为众议院，众议院的会场形式与参议院相差无几。两院都有一些小会议厅和国会领袖的办公室，大大小小总共540间屋子。

联结参议院与众议院的是长廊与雕像厅。Jeff 带领我们来到了排

奥巴马宣誓就职那天，就是领着第一夫人从这个普普通通的门走进来的

列着许多雕像的雕像厅（Natioal Statuary Hall）。这里有很多雕像，据说当年每个州选送两位本州历史上最为重要的人物雕像到此。雕像有铜像，有石像，有坐有立；有风度翩翩的学者，有英武的将军，也有平民模样的普通人。Leo对这些能流芳百世的人物挺感兴趣，起劲儿地向Jeff打听，这个是谁，那个是干吗的。

接着，我们走进圆顶大厅。圆顶大厅是国会大厦的心脏，是举行各种隆重仪式的地方，来访的外国元首在这里得到接待。进到圆顶大厅一看，哇！这里简直是绝美的艺术博物馆！天棚上画了华盛顿羽化登仙图。Leo被圆顶的图画吸引，但是他实在不明白为什么华盛顿会被一群女人拽着往上飞，一直诧异地抬头看，还找来Jeff问。Jeff 告诉他，这幅图代表华盛顿去世时和15个女人在一起升天。Leo以为自己听错了，瞪大了眼睛问Jeff：“How many women?”Jeff哈哈笑了，告诉他，15个，不过，这些都是有象征性的，代表着当时美国拥有的

13个州加上自由和胜利。

圆顶大厅还精心陈列着美国现代化历史上的著名人物雕像和画像。除了华盛顿、林肯、杰斐逊等美国政治名人的石雕像，还有代表人类首次登月的航天员阿姆斯特朗的雕像。大厅四周的墙壁和圆穹形的天花板上满是记述美国独立战争和历史上重大事件的巨幅油画和壁画。有8幅大型的油画记载了美国历史上的8个重大事件；有4幅是欧洲移民初到北美新大陆和殖民时期的：《清教徒登船（五月花号）》（*Embarkation of the Pilgrims*）、《哥伦布踏上新大陆》（*The Landing of Columbus*）、《德·索托发现密西西比河》（*Discovery of the Mississippi by De Soto*）、《波卡虹泰丝受洗》（*The Baptism of Pocahontas*）。有4幅是美国独立战争时期的：《独立宣言》（*Declaratioan of Independence*）、《伯戈因投降》（*Surrender of*

圆顶大厅的天棚

Burgoyne）、《康华里投降》（*Surrender of Cornwallis*）、《乔治·华盛顿辞职》（*General George Washington Resigning His Commission*）。我们在这华丽的宫殿式的大厅欣赏着名画雕像，能发现一种仿佛凝固的宁静。

国会大厦南北两侧的众议院和参议院，若逢参众两院开会，游客可坐在楼上旁听。另外，美国公民如果想见本州的参议员或众议员，只需用电话或者邮件和他（她）的秘书接洽，便可在预定的时间受到议员的接待。通常秘书的联系方式都会公开在相关网站上。我们去的那天，参众两院开会不多，只有一场会议。我们也去旁听了。会议是讨论美国经济不好，议题围绕着经济增长，议员手舞足蹈地在倡导如何向富人多征税，如何减少从外国的进口，以保障美国当地制造商的

Leo在参观，耳朵不够听，眼睛不够看

Leo在国会大厦前又蹦又跳

利益。不止一次，从他的长篇大论中听到中国、中国……Leo觉得很无聊，急着要往外走，我们也觉得听不出个所以然，就离开了。

和其他任何地方的旅游名胜一样，离开国会大厦前，必经的是出售礼品的地方。东西不是很多，无外乎印有国会大厦标记的各种旅游纪念品，而且价格不菲。Leo挑了一套美国50州的拼图算作此行的纪念品。